纤维及纺织品可持续发展与创新丛书

Springer

Sustainable Innovations in

Recycled Textiles

再生纺织品
可持续发展与创新

【印】 萨勃拉曼尼亚·森西卡纳·穆图◎编著

Subramanian Senthilkannan Muthu

王萍◎译

中国纺织出版社有限公司

内 容 提 要

本书主要介绍了纤维及纺织品的回收和再利用、利用废弃织物实现服装可持续生产及牛仔裁剪废弃织物的回收和再利用。

本书可供纺织、材料、化工、环境等相关专业的科研人员、工程技术人员、管理人员及院校相关专业的师生阅读，对于研发适应时代需要的纤维及纺织品具有指导和借鉴作用。

First published in English under the title
Sustainable Innovations in Recycled Textiles
edited by Subramanian Senthilkannan Muthu
Copyright © Springer Nature Singapore Pte Ltd., 2018
This edition has been translated and published under licence from
Springer Nature Singapore Pte Ltd.
本书中文简体版经 Springer Nature Singapore Pte Ltd. 授权，由中国纺织出版社有限公司独家出版发行。本书内容未经出版者书面许可，不得以任何方式或手段复制、转载或刊登。
著作权合同登记号：图字：01-2020-5182

图书在版编目（CIP）数据

再生纺织品可持续发展与创新/（印）萨勃拉曼尼亚·森西卡纳·穆图编著；王萍译. --北京：中国纺织出版社有限公司，2022.1
（纤维及纺织品可持续发展与创新丛书）
书名原文：Sustainable Innovations in Recycled Textiles
ISBN 978-7-5180-8791-4

Ⅰ.①再… Ⅱ.①萨…②王… Ⅲ.①再生资源—纺织工业—可持续性发展—研究—世界 Ⅳ.①F416.81

中国版本图书馆 CIP 数据核字（2021）第 164839 号

责任编辑：范雨昕 孔会云 责任校对：王花妮 责任印制：何 建

中国纺织出版社有限公司出版发行
地址：北京市朝阳区百子湾东里 A407 号楼 邮政编码：100124
销售电话：010—67004422 传真：010—87155801
http://www.c-textilep.com
中国纺织出版社天猫旗舰店
官方微博 http://weibo.com/2119887771
北京新华印刷有限公司印刷 各地新华书店经销
2022 年 1 月第 1 版第 1 次印刷
开本：710×1000 1/16 印张：5.5
字数：55 千字 定价：128.00 元

凡购本书，如有缺页、倒页、脱页，由本社图书营销中心调换

目　录

第1章 纤维及纺织品的回收和再利用

P. Senthil Kumar 和 P. R. Yaashikaa

摘要：当今世界，人们对发展与创新的兴趣日益广泛，并且迅速渗透到所有生活所需的产品中。为了满足所有既定要求的目标，仅依靠大量的创造，使用全部资源似乎都是不够的。因此，对生产纺织服装日益增长的兴趣不仅是迎合更多民众的喜好，同时，其本身也在改变新的形式偏好。原材料消耗的不断增加也成为科研团队和生产企业所面临的不可避免的问题。纺织生产废料是在很多制造工序中非常棘手也难以避免的副产物，人们往往低估了它。尽管如此，如果能够把"废"变为有经济价值的"宝"，这将会对整个产业做出巨大的贡献。随着材料、服装、零售行业更加注重可持续发展，较为棘手的事情就是如何在新产品的改善和生产过程中使用回收的纤维、纱线及纺织品。如果要在产品生产中使用回收材料，必须在产品设计和改进阶段就应将回收的材料考虑进去，并且在生产的各个阶段都应考虑。纺织纤维既可以通过物理方法也可以通过化学方法回收再利用。废弃物收集和加工技术可以有效促进纺织纤维的循环利用。这种再生纤维在不同领域具有广泛的应用，例如，利用再生纤维制造服装、家居用品以及电子产品等。

关键词：回收纤维；开闭环回收；回收纤维的表征方法；回收纤维的应用

1.1 概述

根据消费者和社区专家的要求，纺织行业可以较容易地回收到大量的非危险性废弃材料。然而不可避免的是，在材料生产过程中需要一种更经济的做法——通过回收和再利用纺织废料使之成为可用产品，如建材，从而达到零废弃的目的。因此，尝试循环再利用可以减少对必需资源的依赖，并且是一种能够保证可持续的生活方式。

随着需求的增加，纺织生产工艺不断进步，越来越多的高难度工种被机器生产所代替，使得纺织材料可以制造出更价廉、更时髦、更优质的商品。但与此同时也导致了假冒伪劣产品的过量生产和大量纺织材料的浪费，限制了纺织材料的终端应用。纺织材料生产废料包括各种原材料，要么是积累的，要么属于材料本身的一部分，比如加工残留物；纤维及其制造过程中的废弃物；纺纱、织造、缝纫、后整理中产生的废弃物，此外还有材料再加工中的浪费。以前，在纺纱、织造、缝纫过程中产生的废料往往会被收集并以较低的价格卖给废纱厂。为了提高废纱性能并尽可能降低纺纱断头率，需要将回收材料与优质材料掺杂起来使用（Bhatia et al.，2014）。

本书给出一种使用回收的废料来制造产品的方法。该方法包括通过废料整理分类收集不同品等的废料，同样还可以根据终端产品选择特定分类的废料混合进行生产。回收利用废弃材料可给予纤维短暂的再生生命周期，同时提高了回收纤维的集体估值。尽管如此，大部分回收纤维还是会被用于生产制造低价值的产品。因此，从回收纤维中开发出新的高价值产品会支持废料纤维的使用，提高本产业的未来可管理性。如今，循环利用已经成为一种需要，而不只是因为缺乏控制污染的方法。有三种方法可以减少污染：第一种是使用低污染的创新材料；第二种是对纺织废水进行有效处理，使之达到正常的排放标准；第三种也是最可行的办法，即在排放废弃物之前对其进行数次回收和再利用（Agrawal et al.，2015）。

1.2 纤维及纺织品的循环再利用

循环再利用意味着要把材料分解到未提炼状态，最终目标是使获得的回收原料可以作为新产品的一部分。另外，循环再利用即将现有事物在相似的创造链中再次使用。纺织材料的回收是对旧衣服和各种材料进行回收并再利用的方式，它也是材料循环利用产业的定义。材料回收包括消费前废弃物的回收和消费使用后的废料回收（图1.1）。处理各类回收的服装和材料有不同的方法（Wang et al.，2003）。

纺织材料的回收和利用具有重大意义，并能有效提升人们的社会责任感。通过循环再利用，企业可以获得更大的利益，同时也能避免被指控倾倒垃圾。同时，该产业将得到环保主义者的支持、为人们提供岗位、对慈善事业和赈灾救灾做出贡献，并为世界上不发达地区发展二手服装产业提供支持。由于材料是完全可回收的，因此服装和材料产业不应有任何浪费。纤维的开发利用是一把双刃剑，尽管扩大纤维使用能够刺激经济增长，但同时也导致了纤维产品的浪费问题。随着消费者

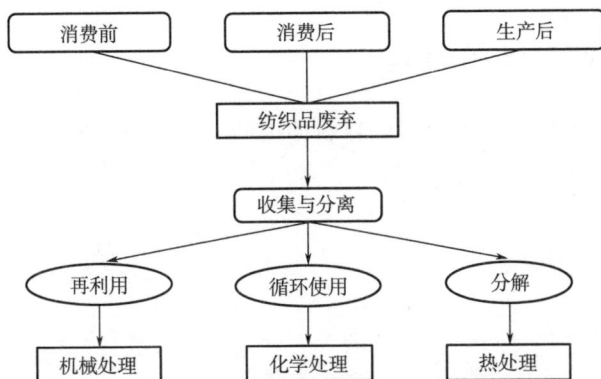

图 1.1　纺织品废弃和循环利用的类型

购买需求的不断提高，如何处理浪费的问题愈演愈烈。天然纤维和合成纤维都会产生废弃，如棉、羊毛、涤纶、锦纶和氨纶（Yin et al.，2013）。在 20 世纪中期，合成纤维投入市场后，纤维回收利用变得更加复杂。主要由以下两个原因造成：

（1）纤维质量的提高使其很难被开松；

（2）纤维混合使得配料工艺的除杂更加困难。

对于第二个原因来说，分类整理的方法和创新技术正在开发中，其中包括纺织品回收利用委员会（CTR）提出的"零废弃 2037"目标。如果企业和消费者能够掌握一种全面的方法，成立相关组织，提高利用率，这个目标就能够实现。"零废弃"关注的是一个闭环的生产与社会框架，其中废弃物被视为是原材料的剩余或者是包含价值的商品。在这个框架下以废弃物能再加工为新的产品为最终目标，更新产品和加工工艺。"零废弃"关注的是产品整个生命周期。材料循环是指通过收集废弃品或直接转给他人再次利用，而使生产后或消费后的废弃物进入循环过程。但遗憾的是，这一过程并不能阻止垃圾填埋过程中纺织材料的浪费。因此，应该开展更多的研究来精确分析回收材料制成新产品所具有的自然效益。纺织材料的种类纷繁复杂，在一定程度上导致了人们很难将纤维分离并进行有效利用。同时，需要消耗大量的精力对废旧纺织品进行收集、分类并将其变成其他新产品（Muthu et al.，2012）。

1.3　废弃纺织材料的种类

纺织行业产生的废弃物可以根据材料使用的不同分为消费前的废弃和消费后的废弃。

1.3.1　消费前的废弃

消费前的废弃是指材料在提供给消费者使用前就被处理的废弃材料。消费前废弃材料可以分离并改造成同类或其他产品，也可以出售给以此为原料的其他采购商。这些废弃材料往往是在纤维、纱线、材料、服装制造过程中产生的，可能是某些加工过程中产生的，或者是废坯、布边，或者是加工过程中的废品。它们大多数被循环再生为汽车、家具、寝具、粗纱、家装、造纸和其他行业的原材料。消费前的废弃产生于整个库存网络的第一阶段。在原材料方面（纤维和纱线生产），轧棉、开松、检验、精梳、拉绒、卷绕、环锭纺、自由端纺纱过程中产生的废纱或废丝往往会被收集并得到循环利用（Rosnev et al.）。

1.3.2　消费后的废弃

消费后的废弃大多指的是个人不再需要和由于穿着或破损原因选择丢弃的产品，通常包括磨损或破损的服装、寝具、毛巾和其他商品。可以被回收利用的消费后废弃物有衣服、包材、窗饰、毛巾、床品、干净坯布以及缝纫废线、桌布、腰带、手提袋、鞋子和袜子等，主要包括那些所有者不再需要的物品。这通常包含服装和一些塑料制品的处置，例如由聚酯制成的塑料水壶。尼龙同样可以回收，并且有大量弃置尼龙渔网被废弃在海洋中（Platt，1997）。

1.4　纤维及纺织品回收的重要性

当前对纺织纤维废弃物的填埋处理存在一些不足。第一，需要收取倾倒费用。第二，基于环保考虑，禁止填埋聚合物的呼声越来越强烈。第三，填埋聚合物是对材料的错误使用。考虑到消费者对回收产品的需求，并且可以用回收替代填埋，一些先进的分类方法已经被提出。除了典型的废弃材料直接再利用的方法之外，一些"变废为宝"的整备工艺也是必要的（Zamani，2011）。

随着纺织品、服装和零售业发展到了瓶颈期，在新产品升级和生产过程中使用回收的纤维、纱线、纺织品已成为一个具有发展前景的领域。在产品中使用回收材料需要在产品设计和改进阶段就进行考虑并贯穿于产品的整个生命周期中。回收再利用有两个阶段：收集和处理。材料和服装商品中使用的回收利用产品，可以通过材料和服装零售网络或者消费后的收集技术获得。再生原材料的使用也符合全世界循环经济和闭环生产的蓬勃发展。

纺织材料循环利用兼具自然效益和经济效益两方面。它不仅可以大幅减少污染，还能通过一些工艺从废材中获取新材料。

（1）对材料中化学成分如染料和特殊沉淀物的需求下降。

（2）对填埋空间的需求减少。纤维材料填埋会导致众多问题：化纤长丝不能降解，羊毛纺织品可以降解但会产生使全球变暖加剧的甲烷。

（3）导致分期付款方式的调整，因为可以购买更少的材料。

（4）由于纤维材料可以从本土获得，而不需要从国外进口，这样就可以减少污染并且节约资源。

（5）处理过程会消耗更少的资源，因为它们不需要再次染色或冲洗。

（6）以粗羊毛为例，回收原料不需要大量的水进行完全洗涤，可以有效减少废水的产生从而改善环境。

（7）减轻开发新资源的压力。

1.5　回收纤维的性能及应用

回收纤维非常适合于制造非织造布和纱线。与全新纤维相比，回收纤维的品质存在差异性。它们在生产时所承受的损伤会影响回收纤维的长度，导致短纤维占比较高，此外还有未分离的纤维和组织结构。回收纤维的性能会受到上述因素的影响，因此需要考虑合适的预处理和纤维分离方法。通常获得的回收纤维都是混合物。与将回收纤维制备成纱线相类似，非织造布要求分离的回收纤维长度尽可能长，这样才适合用于后续的梳理和成网工序。可能包含在回收纤维混合物中的纱线残片，一般直接进入非织造材料的结构中或在检验过程中进一步分离成纤维。回收纤维因其价格低廉而得到推广，来源于现有材料制成的纤维原料可以有效降低成本。与原纤维相比，回收再利用的纤维品质难以进行表征。常用的测量方法和装置对于回收纤维来说不太适用。这是由于回收纤维中存在一些非常规的混合物，并且存在大量的短纤和非纤维形态的纺织品残余物（Tamer et al.，2014）。

1.6　纤维回收的过程

回收利用是将已有产品分解成原材料。长期以来，织物和服装通常被分解成纱线，并用这些纱线来制造独特的编织或机织结构。纱线有时还会被分离成纤维状态，随后纤维重新纺成纱线再应用于新产品。在整个纺织行业中，回收利用废弃原料趋向于那些热塑性高聚物纤维，因为这些纤维的再造过程较为简便可行。除此之外，这些材料在循环利用过程中可以制成各种结构和形状。常规天然纤维，如棉、羊毛、蚕丝，同样可以开发出适合的循环再利用方式。

纤维回收过程中涉及的两个必要阶段是收集和再加工。对于纺织材料和服装行业来说，收集过程发生在库存网络的不同阶段，很多项目是普通大众都可以参与的。废弃材料通过非纺织服装行业的途径收集、再生并用于服装和材料的产品中。对收集的材料是否进行再加工是决定其归入开环还是闭环循环框架中的基础。将材料排除在循环外的原因有很多，主要基于以下两个最基本的目的：

（1）减少低质量原材料的产出；

（2）将原材料合成为不可回收的材料。

1.6.1　开环循环

开环循环（OLR）指的是产品的原材料被分离并在新产品的某一阶段被使用，通常是随机的产品框架。大多数情况下，二次生产获得的产品不会再循环而是直接丢弃以结束其使用寿命。因此，OLR 是一种比较理想的针对大多数种类原材料的循环方式，能够减少在二次产品中全新材料的使用。无论如何，OLR 通常只是推迟了材料变为城市固体废弃物的时间，因为对于任何一种材料来说，如何对其进行回收而不损伤性能是有限制的（图 1.2）。通常，纺织和服装行业的 OLR 回收产品包括：

（1）消费前废弃材料，如裁剪过程产生的边料；

（2）消费后的材料废弃，如完整的衣物；

（3）可以用来制备回收涤纶（RPET）的消费后的涤纶（PET）容器。

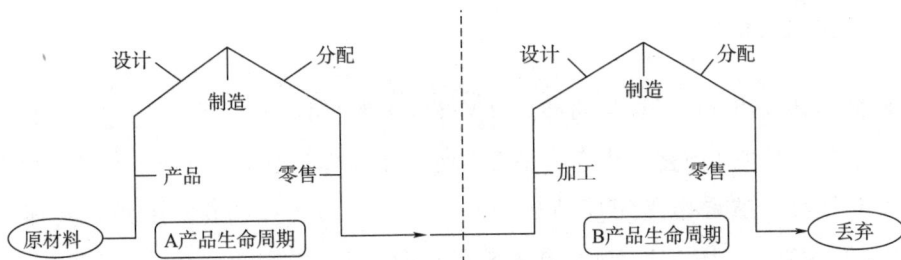

图 1.2　开环循环（Payne，2015）

OLR 已经被证明在时尚行业中是可以实现的，既可以收集消费前和消费后的废弃材料应用于不同产品中，也可以收集使用过的水壶或瓶子制成新材料。当前，将 PET 水壶或瓶子通过 OLR 系统制成纤维是纺织和时尚领域应用最成功的案例之一。在这个开放循环系统中，将使用过的第一产品（PET 水壶）作为第二产品的原材料（服装中的高聚物材料）。通常将回收再造的纤维与全新纤维混合来制作达到服用要求的纺织品（Curran，2012）。

通过 OLR 将 PET 瓶制备成纤维的转换过程如下：

将 PET 水壶或水瓶制备成纤维是一种 OLR 方法。PET 容器首先变成 PET 母粒，纺丝成纤维后再织造、缝纫成服装材料。与之前所叙述的废弃材料进入产品生命周期某一时刻的方法截然不同的是，这种 OLR 方法中的废弃材料是来源其他产品，这些产品是用于制造材料和服装。由于 PET 不可生物降解，循环利用是对资源的合理利用。自 1970 年以来，PET 容器被回收利用。尽管如此，循环再生 PET（RPET）的性质仍然取决于原容器是否含有污染物，如灰尘、色差、酸性物和水。采用机械加工方法将 PET 容器制备成纤维的工序如下：

（1）对容器进行收集、清洗并根据色差排列；

（2）除去容器上的标签；

（3）容器被处理成 PET 母粒；

（4）PET 母粒熔融后经喷丝头挤出纺丝形成新的纤维。

和原生 PET 纤维相比，循环再造 PET 纤维（RPET）的性能和质量大多不高，这是由于纤维性能与容器所含污染物密切相关。除了机械加工方法以外，PET 还可以应用化学方法循环利用。其中，上述步骤（1）~（3）是与机械加工方法相同的，但 PET 母粒会被化学降解成低聚物或单体。

1.6.2　闭环循环

闭环循环（CLR）系统指的是材料循环成为类似的材料，也就是废弃产品再一次进入类似产品的生产链。废弃（消费前废弃和消费后废弃）材料或纤维再次进入服装生产链可以被看作是闭环循环。成功的闭环循环（CLR）比相对开环循环（OLR）更为复杂。图 1.3 表示纺织材料闭环循环的生命周期。

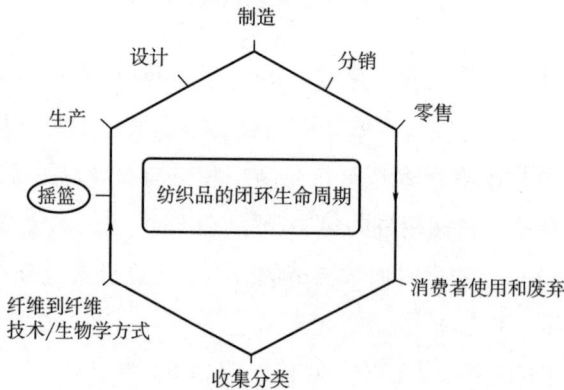

图 1.3　闭环循环（Payne，2015）

从支持到支持的理念是处理闭环回收的根本方法，其中闭环回收纤维是可循环的，并且可以在相似的产业链中重复利用。在 C2C 闭环框架中，废弃物被回收再利用，产生同等或更高的价值。废料分为有机废料和特殊废料。有机废料可以作为土壤肥料，而特殊的废料可以在工业内部循环利用，再次制造类似的产品。一种纺织行业相关的闭环回收方式是衣物的回收。服装的回收及成衣的升级再造均属于闭环回收。闭环再利用表明，衣服在二手橱窗里也可以有不同的宝贵生命。尽管在 CLR 中，衣物的回收并不是将物品分解成原材料再进行回收，衣物可以在类似的生产链中进入另一个生命周期（Payne，2015）。

1.7　纺织品回收的阶段

在服装行业，初级的基础回收方式是消费前的衣物裁剪留下的边角料。根据服装的裁剪缝纫生产流程可以看出，由于额外采用了具有独特花纹的材料，因此不可避免产生基础面料的废料。

二级或辅助回收包括对消费后材料的收集和再利用，例如，衣服的碎片，不同种类的材料等。根据消费者的行为，这些衣服可能会被送到城市废品站或提供给慈善机构和社会组织。然后，旧衣收集机构会将这些衣物分拣成可以转售的高质量衣物和适合回收利用的低质量衣物。

三级回收主要指对尼龙或聚对苯二甲酸乙二醇酯（PET）进行工业降解或化学降解后再聚合。这就要求使用无尘、有组织的消费前废品或者是根据纤维特性合理区分的消费后废品作为原料。

四级回收指的是燃烧纤维状固体废物，并对产生的热量进行利用。在这级回收过程中，通过消耗或燃烧的方法来回收材料内在的固有能量。表 1.1 为整体回收阶段及其流程。

表 1.1　纺织品回收的阶段（Wang，2010）

序号	阶段	过程
1	初级	回收工业物料
2	二级	将消费后的产品转化为有用的材料
3	三级	将塑料废物转化成燃料
4	四级	燃烧废物作为一种回收固定能量的办法

1.8　纤维回收的方法

1.8.1　机械回收

机械回收过程让面料、纱线或纤维，作为新纺织产品的一部分被重新利用起来。在这一过程中，废弃材料首先被剖解、衣服被拆卸、布料被剪成小块。然后经过纺纱滚筒进行拆解后得到纤维。随后根据纤维的长度、细度、质量、聚合物种类和色差等属性决定纤维的品质以及最合适的产品种类。通常情况下，从纺织装配和存储体系中收集到的废弃纺织品会比那些消费后废弃纺织品更容易生产出高质量的回收纤维。那些还未投入使用的和工业后处理的废弃纤维可以被重新纺成纱线，织造成织物，然后作为服装、被单布和装饰用材料的一部分重新利用起来。中档的回收纤维虽然也可以用来制作织物，但是它也有其他应用，比如擦拭布和填充料。低质量的纤维可在不同的结构中做增强材料（如混凝土）、非织造织物、内衬、鞋类装饰、汽车隔音保暖材料、玩具填充物等。塑料，包括塑料容器和热塑性纤维，通常都是采用机械回收的。在这种情况下，塑料垃圾首先被分解为碎片，熔融成液态后挤出重塑成特定形状，用作其他物品的部件。这种熔融态塑料可以制成长丝、纱线或其他形状的物体。原生聚酯纤维和再生聚酯纤维之间存在明显的区别。机械回收是一种典型的回收塑料水瓶和渔网的方法。但是，并不是所有再生热塑性纤维都具有像原生纤维那样的特性（Hawley，2006）。纤维的机械回收过程如图 1.4 所示。

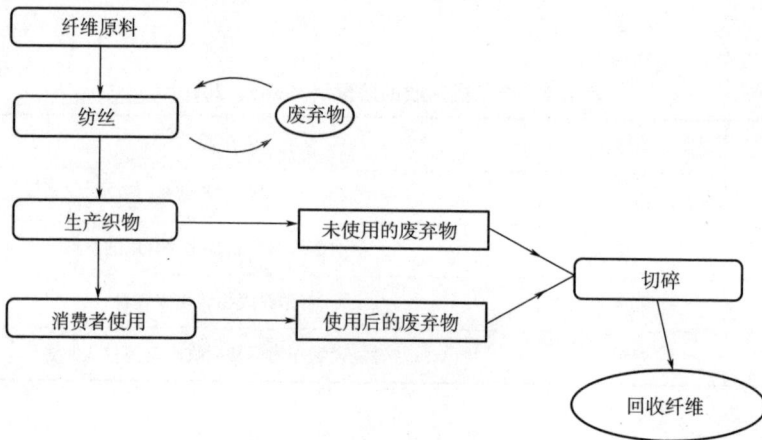

图 1.4　纤维的机械回收

1.8.2　化学回收

化学回收法是材料行业中常用来处理废弃物的一种技术。包括聚酯、聚酰胺和聚烯烃等人造纤维都是可以人为重复使用的。这属于前面提到的第三级回收，需要对纤维进行分离后再聚合。该过程被广泛用于 PET 塑料水瓶的回收。无论是聚酯纤维服装、废弃面料、纱线废料或者其他塑料制品，在回收过程中先剪成小块然后形成切片。化学回收的步骤如图 1.5 所示。

这些塑料片被分解成对苯二甲酸二甲酯，然后重新
聚合并纺成新的聚酯纤维、长丝和纱线。由于废料中纤
维具有不同的物理和化学性质，因此废弃物都要经过专
门的测试才能回收。棉和聚酯纤维混纺织物在服装和家
居用品中十分常见。对于混纺材料，化学回收法被证明
是有效的，因为它可以使用有针对性的溶剂。棉和聚酯
纤维混合物中，纤维可以被人工分离出来，然后转化成
新的纤维。现在，有一种利用 N-甲基吗啉-N-氧化物
来分解纤维素的方法。被分解的纤维素通过过滤和聚酯
分离，得到的聚酯可被重新纺成纤维、长丝或纱线。被
分解的纤维素可用于制备包括莱赛尔（Lyocell）在内的
再生纤维素纤维。尼龙和氨纶的混纺织物常用于高级运
动装和健身服。一般情况下，尼龙的含量要比氨纶的含
量高得多，并且尼龙可以回收再利用。考虑到氨纶可以

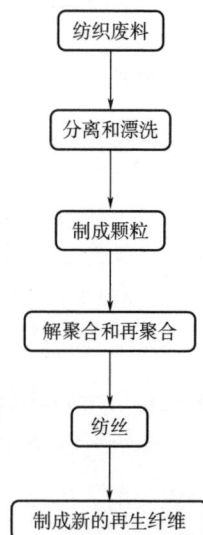

图 1.5　纤维的化学回收

溶解于 N，N-二甲基甲酰胺等溶剂中，因此能将氨纶从混纺组织中分离出来。然
而，这种溶解的方法成本高昂，而且在使用过程中存在环境污染问题。目前成功
验证的分离氨纶和尼龙的方法是首先将混纺织物进行热处理，使得氨纶分解，再
用乙醇洗涤从而去除氨纶只留下尼龙。

如今，对于单一纤维织物来说，显然机械回收更普遍。物质回收系统需要投入
很多精力和投资，因此对于大规模生产经营者来说这是常见的选择。随着创新能力
的增强，对回收再利用兴趣的增加以及原材料成本的上升，废弃材料的回收可能会
从机械回收转变为化学回收（Dang et al.，2002）。

1.9　再生纤维的应用

再生纤维可以通过多种纺织品废料制得。这种回收纤维的质量和可加工性很大
程度上取决于废料的种类。传统方法中采用纺纱工艺的纤维废料制得的纤维束排列
整齐规整。然而，采用使用后废弃的纺织品生产的再生纤维品质要差得多，内部纤
维品种很杂乱，其中很难找到相同的纤维组分。对于纺织材料和非织造材料而言，
利用再生纤维的途径有很多。能够应用于不同再生产过程主要取决于废料的品质以

及成本。

1.9.1 纱线

纺织厂产生的废物是决定生产成本的重要因素，从而影响工厂效益。从废料中回收的纤维可用于作为混纺纱的组分。这些回收纤维可以在自由端纺纱和紧密纺纱工艺中再次使用，回收纤维用于环锭纺的工艺探索也同样在进行。研究还发现回收纤维具有良好的清洁能力，可以与原丝很好地混合。只要还能够满足原丝的混合要求，这些纱线就可以被用于织造或编织。科学家认为，如果从不同种类的废料中选择一定数量的废料并合理地组合，所得纱线就可以被用于特定的用途。用再生股线制备的摩擦纺纱线也同样显示出很好的效果；然而由于原材料完全是废弃原料，因此所得织物的质感还是显得粗糙破旧，建议应用在清洁布、包装布和包覆布等领域（Agarwal et al., 2015）。

1.9.2 生物复合材料和非织造材料

蛋白质纤维废料，例如，羊毛材料厂的副产品、不适合纺纱的低质量粗羊毛，是生物聚合材料一个重要的可持续来源。当羊毛纤维组织内部的化学键被超声催化剂破坏，随后细胞被植入纤维素醋酸衍生物的聚合物薄膜状网络中，以获得新的复合材料，适用于制备切片和纺丝。纤维素醋酸衍生物具有优异的抗霉菌和耐微生物的特性，常被用于纺织纱线、管道、塑料；电气保护、摄影胶片、着色片、治疗和清洁等领域。综合利用人造纤维和蛋白质聚合物性能的全新复合材料能够用来制造具有新颖特性的塑料和纺织纤维，例如防火、湿恢复、特殊着色展示和着色效果，特定手感和外观的产品，而蛋白质聚合物通常都具有良好的亲水性，可以被大部分商用染料染色。再生纤维可以被视为传统的专用材料，特别是非织造领域。利用回收纤维可以显著降低成本或用来掩盖某些事情。在任何情况下，再生纤维又在非织造产品中相互连接起来，成为利润丰厚的实用纤维。

1.9.3 商用回收纺织品

棉和聚酯是众所周知的可回收纤维，但不同的纤维，包括羊毛、尼龙，甚至是芳纶，都可以在成纱过程中被回收。有许多纱线厂商把回收纤维作为他们的商品之一，以下是几家纱线厂家及其可回收产品。

1.9.3.1　Repreve

Repreve 是一个再生纤维品牌，原料为再生聚酯，包括使用过的塑料罐和工业中的装配废料。对使用后的废弃物进行重新利用，不仅减少了对新原料的需求，同时这种方式还可以有效减少温室气体的排放。该纤维来自 Unifi 公司。

1.9.3.2　Ecocircle

Ecocircle 是一种由回收聚酯纤维制成的纤维。该工艺是由日本帝人纤维公司（Teijin Fibers）开发的一种从纤维到纤维的再生聚酯纤维生产流程。这是一个利用化学回收法回收聚酯产品的闭环回收项目。使用 Ecocircle 纤维的织物纹理非常具有创意，可用于服装。

1.9.3.3　锦纶 6

锦纶 6 同样可以回收利用，"Econyl 再生系统"（Econyl Regeneration System）于 2011 年推出。锦纶 6 聚合物是利用消费后和未消费废弃材料制成的。使用后的废弃物中很大一部分来自于丢弃在海里的渔网和废旧的遮盖布。他们不断完善废弃物收集系统，收集世界各地的材料用于循环利用。

1.9.3.4　EcoSmart

美国恒适（Hanes）在 2010 年推出了一个新产品线——EcoSmart。该系列服装采用了回收棉或回收聚酯纤维。

1.10　纺织品回收的优点

（1）服装的回收减少了所需垃圾填埋场空间。垃圾填埋场最终会对土壤和水资源构成威胁。当大雨倾盆而落时，雨水浸泡废弃服装会导致服装上的化学物质流失而褪色，这些溶解了化学物质的水最终是致命的。使用合成纤维生产的材料不会迅速降解，或者羊毛等织物在分解过程中会释放甲烷，这两类纤维最终都会导致全球气温变化。从这一方面考量，如果这些织物被回收，这种风险将大幅度降低。

（2）纺织品回收节省了资金，因为回收的衣服不需要重新染色或者清洗。染料和化学物质使用量的减少限制了它们在制造过程可能造成的不利影响。

（3）降低了获取新材料的成本，提高了生产利润率。

（4）通过降低新原材料的使用，从旧产品中获得新产品，控制了新原料或原材料的转移成本，进一步减轻了对生态的影响。

（5）纺织品的回收过程不会产生任何新的危险废弃物。

1.11　纺织品回收面临的挑战

（1）对于废弃物制造者来说，并没有经济上的吸引力来促使他们减少浪费。

（2）价值低，运输成本高，回收材料缺乏市场效益。

（3）中小型企业没有能力从事废物回收利用事业，因此对纺织品回收缺乏兴趣。

1.12　再生纤维及纺织品的发展趋势

纺织材料再生利用领域的技术创新正处于不断探索的阶段。回收的一个重大障碍是各种纤维混纺纺织产品的倍增，使得难以将其中的纤维分离并用于回收，例如棉和聚酯纤维。分析人员考察了如何利用土壤降解的方式使棉花分解，从而将棉与聚酯分离，再回收聚酯进行循环利用。成功回收的另一个障碍是随之而来的低档纺织品的着色性较差。颜色灰暗的再生纤维不适合大多数的服装，或者说确实不适合大部分纺织品使用。日本的一份报告提出了一种着色性代码，使低等级纱线能够更有效地加工成可用的纱线。随着机械和化学回收循环创新的发展，会有更多技术创新应用于服装材料的 CLR 以及利用材料的 OLR 变成其他产品。随着消费者对自然生态更加关注，购物模式更倾向于厂商可以提供经济的材料，并考虑产品的生态效应。大量的零售商主动地大范围收集使用过的服装，并通过带头作用表明他们已经预见回收纺织品的社会效益和额外的经济效益（De Silva et al.，2014）。

1.13　结论

加强纺织材料回收势在必行。对使用再生材料的市场活力和用水便利条件的考察，明显贯穿开环和闭环回收纤维的生命周期评估。对于机构而言，回收纤维想要占据更重要的位置还存在极大的障碍。此外，尽管在过去几年中已经取得了进展，但纺织材料废弃物更加有效的回收和收集仍需要来自诸如服装生产商、大众和政府等各种参与者的合作。在生命周期评估中，利用衣物内再生纤维的条件可以用水、市场活力和土地利用等指标进行量化。许多参与者都可以在提高纺织品回收率和可回收性方面发挥作用。原料商和生产商分别在两个方面发挥重要作用：一方面将需要拆解的衣物分解成为碎片以简化回收工作；另一方面选择具有一定含量的回收纤维的材料。消费者对生物友好型产品关注度的提高，刺激厂家有效地使用回收纱线制作服装。每年都有很多废弃材料被丢弃在垃圾填埋场。对社会大众而言，这不仅是经济和生态问题，而是涉及严重的资源滥用。尽管大众的环保意识相较之前有所增强，但通过回收利用有效减少废弃物的能力仍待提高。纤维回收利用的进一步发展、再生纤维的使用范围进一步扩大将成为弥补生产损失的便利手段。为了提高回收率，必须进一步完善现有的零售网络系统。如果在纺织材料的生产网络中能够同时从科学层面和社会层面进行战略考量，那么纺织品对生态的影响将会大幅降低。

参考文献

Agrawal Y，Kapoor R，Malik T，Raghuwanshi V（2015）Recycling of plastic bottles into yarn & fabric. Available at http://www. textilevaluechain. com/index. php/article/technical/item/247-recycling-of-plastic-bottles-into-yarn-fabric.

Bhatia D，Sharma A，Malhotra U（2014）Recycled fibres：an overview. Int J Fibre Text Res 4（4）：77-82.

Curran M A（2012）Life cycle assessment handbook：a guide for environmentally sustainable products. Wiley，Hoboken.

Dang W，Kubouchi M，Yamamoto S，Sembokuya H，Tsuda K（2002）An approach to chemical recycling of epoxy resin cured with amine using nitric acid. Polymer 43：2953-2958.

De Silva R，Wang X，Byrne N（2014）Recycling textiles：the use of ionic liquids in the separation of cotton polyester blends. RSC Adv 4：29094-29098. https://doi. org/10. 1039/c4ra04306e.

Hawley J M（2006）Digging for diamonds：a conceptual framework for understanding reclaimed textile products. Clothing and Textiles Res J 24（3）：262-275.

Muthu S S K，Li Y，Hu J-Y，Ze L（2012）Carbon footprint reduction in the textile process chain:recycling of textile materials. Fibers and Polymers 13(8):1065-1070.

Patagonia (2016) Recycled wool [Online]. Available from http://www. patagonia. com/us/ patagonia. go? assetid=93863.

Payne A (2015) Open and closed-loop recycling of textile and apparel products. In:Handbook of life cycle assessment (LCA) of textiles and clothing,pp 103-123.

Platt (1997) Weaving textile reuse into waste reduction. Institute for Local Self-Reliance,Washington.

Roznev A,Puzakova E,Akpedeye F,Sillstén I,Dele O,Ilori O. Recycling in textiles. HAMK University of Applied Sciences Supply Chain Management.

Tamer FK,Mohamed ED (2014) Recycling of textiles. J Text Sci Eng S2:001. https://doi. org/10. 4172/2165-8064. S2-001.

Wang Y (2010) Fiber and textile waste utilization. Waste Biomass Valorization 1(1):135-143.

Wang Y,Zhang Y,Polk M,Kumar S,Muzzy J (2003) 16—Recycling of carpet and textile fibres. Plastics and the environment:a handbook. Wiley,New York,pp 697-725.

Yin Y,Yao D,Wang C,Wang Y (2013) Removal of spandex from nylon/spandex blended fabrics by selective polymer degradation. Text Res J 84(1):16-27.

Zamani B (2011) Carbon footprint and energy use of textile recycling techniques. M. S. Thesis, Chalmers University of Technology.

第2章 利用废弃织物实现服装可持续生产

R. Rathinamoorthy

摘要：服装行业的废弃物在服装生产中是不可避免的。裁剪工序节约的成本就是整个服装所节约的成本。这是因为裁剪工序决定了用于服装本身以及被浪费的布料数量，而面料约占服装成本的一半，是服装成本的主要来源。本研究工作旨在证实利用这些废旧面料进行服装面料再生产所具有的企业效益。随着世界朝着更加生态友好和可持续的生产方向发展，时尚和服装行业也将通过生产有机材料来迎合这种发展趋势。本研究聚焦于将废弃织物回收成纤维，主要目标是使用回收纤维、纱线、面料开发新的服装产品。为此，人们收集了针织服装制造业的裁剪废料并进行回收利用。结果表明，该织物具有一定的尺寸稳定性、顶破强力、起球性和耐磨性等物理性能。人们将这些织物制成休闲服装，并对该服装进行成本效益研究。结果表明，用回收纤维制成的服装比用普通原材料制成的服装更便宜。这项研究也为制造商提供了双重利益，一方面是来自废料的收入，另一方面解决了废弃物的管理和处置问题。

关键词：快时尚；面料废弃物；回收；物理性能成本效益分析；可持续时装品牌

2.1 概述

快时尚是一个描述基于最新流行趋势的服装系列术语，快时尚系列一般顺应当前高级时尚趋势。快时尚系统的主要优点也是它的本质，即快速响应系统和鼓励用即弃。这是一个以消费、快速变化的趋势和低质量为主导的概念，由于价格低廉，消费者会购买更多的服装并在穿过一季后就丢弃这些服装（Fletcher，2008）。快时尚公司的优势在于快速板型设计、款式众多、快速交付以及交付的商品贴上价格标签就可以售卖（Skov，2002）；而在旧的周转周期中，从走秀到消费者手中通常需要六个月的时间（Tokatli et al.，2009）。图2.1表示一个服装产品的生命周期。早期，产品生命周期被认为是一个典型的由引入、接受、高潮和衰退阶段组成的经典周期。快时尚产品介于流行时尚和保守时尚之间，如图 2.1 所示。其中流行时尚是一种短暂的时尚，突然流行起来并迅速消失，而保守时尚在适中的时期内盛行，它有很大可能是周期性的（Solomon et al., 2004）。

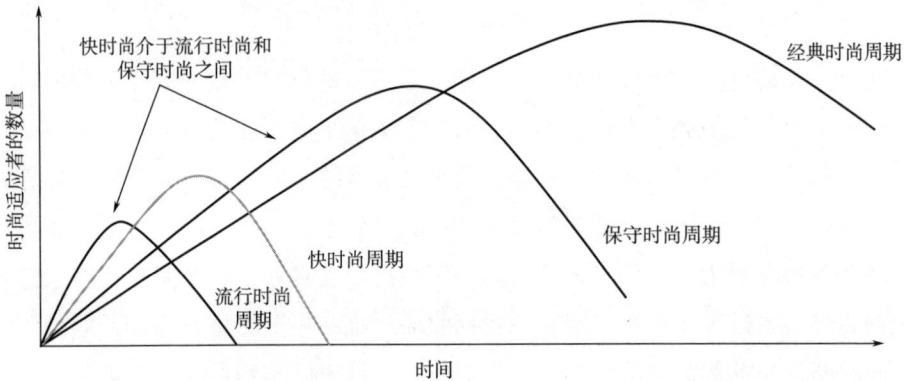

图 2.1　流行时尚、快时尚、保守时尚及经典时尚的产品接受周期对比

通常，快时尚旨在减少购买过程中的流程和交货时间，在流行高峰时就尽快将新产品交付给客户，以满足客户的需求（Liz et al. Gaynor, 2006）。快时尚周期使公司致力于最新的设计，让顾客经常更新他们的衣柜。快时尚增加了消费者的消费，因此促进了生产，而生产又反过来最大化了对环境造成的影响。麦肯锡（McKinsey）公司的一项研究显示：如果快时尚趋势持续下去，且全球市场的人均消费水平与西方相同，到 2025 年服装制造企业对环境影响将增加 80%（Remy et al., 2017）。图 2.2 显示服装行业在土地、水和二氧化碳排放等方面的环境影响踪迹（Remy et al., 2017）。

由于快时尚趋势的影响，顶级服装品牌也改变了他们在 6 个月内展示服装的传统方式。目前，Zara 每年推出 24 个新系列（Remy et al., 2017）。欧洲所有服装公司每年推出新款服装系列的平均数增加了一倍多，从 2000 年的每年 2 个增加到 2011 年的每年 5 个左右。快速响应和低成本的新设计，使欧洲快时尚市场的增长速度快于零售市场；与此同时，快时尚市场的利润率为 16%，明显高于传统零售商店 7% 的利润率（Sull et al., 2008）。快时尚战略导致制造业和品牌商开始生产更多产品，也因此显著增大了对环境造成的影响（Modi, 2013）。

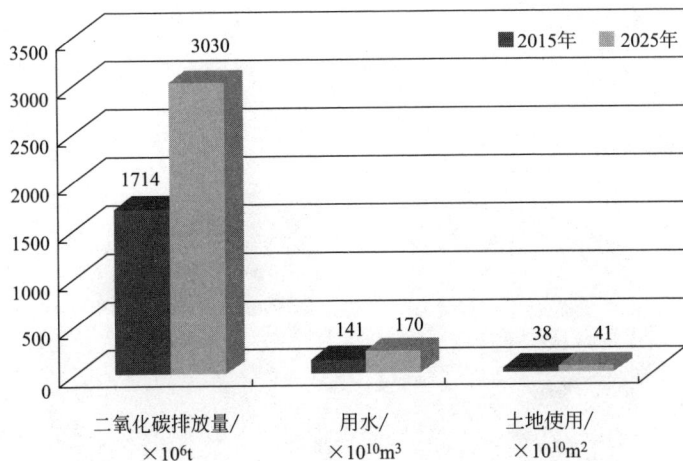

图 2.2　根据发达国家当前的人均消费量估算，到 2025 年服装制造公司对环境的影响

资料来源 www.mckinsey.com

2.2　印度纺织服装业的现状

目前，印度纺织服装业估价约为 1080 亿美元，到 2021 年预计将达到 2230 亿美元。除了农业，印度的纺织服装业提供了超过 4500 万个直接就业岗位和大约 6000 万个间接就业岗位（Shekhar，2017）。印度国内生产总值（GDP）中大约有 5% 是印度纺织业贡献的。与此同时，印度的纺织服装业出口将从目前的大约 410 亿美元增加到 1850 亿美元（Shekhar，2017）。印度是世界上仅次于中国的第二大制造商和出口商。印度在全球纺织服装贸易中占有 5% 的份额。在 2015~2016 年印度出口总额中，纺织品和服装占 15%；而 2014~2015 年这一比例为 13.6%，2016~2017 年（截至 2017 年 4 月）印度纺织服装出口总额为 187 亿美元，占同期印度出口总额 1320 亿美元的 14%（2016 年年度报告）。

除了纺织行业以外，成衣或服装制造业占行业中的绝大部分，占纺织服装行业总量的 60%~65%（Modi，2016）。服装行业也是印度国内最大的外汇来源之一。印度纺织部 2015~2016 年度报告中指出，印度是继中国、孟加拉国、越南、德国和意大利之后的第六大出口国。值得注意的是在 2015~2016 年间，由于欧洲和日本出现需求疲软等原因，服装贸易下降了5%左右（2016年年度报告）。尽管全球服装贸易疲软，但印度服装出口在2016财政年比2015财政年增长了1%（Modi，2016）。图2.3是2016财政年内，各国在印度服装出口总额中所占的百分比。

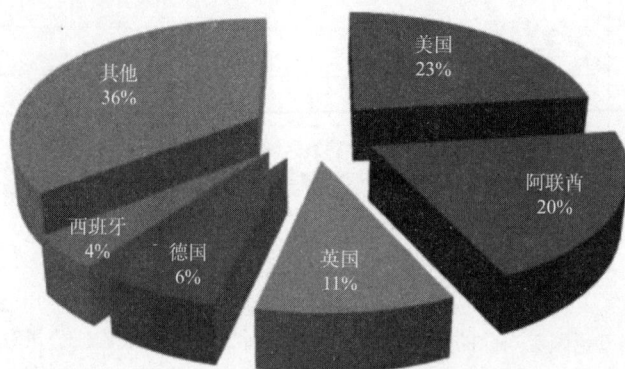

图2.3　2016财政年内，各国在印度服装出口总额中所占的百分比（Modi，2016）

数据来源 www.careratings.com

　　服装出口促进委员会（AEPC）2016~2017年度报告中指出，印度的出口总额增长了5.4%。以卢比计算，2016~2017年的出口额为117202.4卢比，而上一财政年鉴同时期的出口额为111182.8卢比。除此之外，针织产品出口额为82.67亿美元（2016~2017年），占比47.3%，增长了7.9%；机织产品出口额约92.1亿美元（2016~2017年），占比52.7%，负增长（下降）了1.2%。图2.4为上一年度针织和机织的服装出口总额（服装出口促进委员会2016年年度报告）。

　　印度服装业的增长不仅受到了快时尚趋势的影响，也受到了国家政策和法规的影响。过去5年，服装产品制造业的投资出现井喷。2000~2017年3月期间，该行业吸引外商直接投资（FDI）24.7亿美元。印度政府还为纺织品行业实施了大量的出口促进政策。因此，国家倡导和消费者对纺织服装需求的增加，使得行业对时尚品牌以及制造商提出了更高的要求（纺织部，2017）。

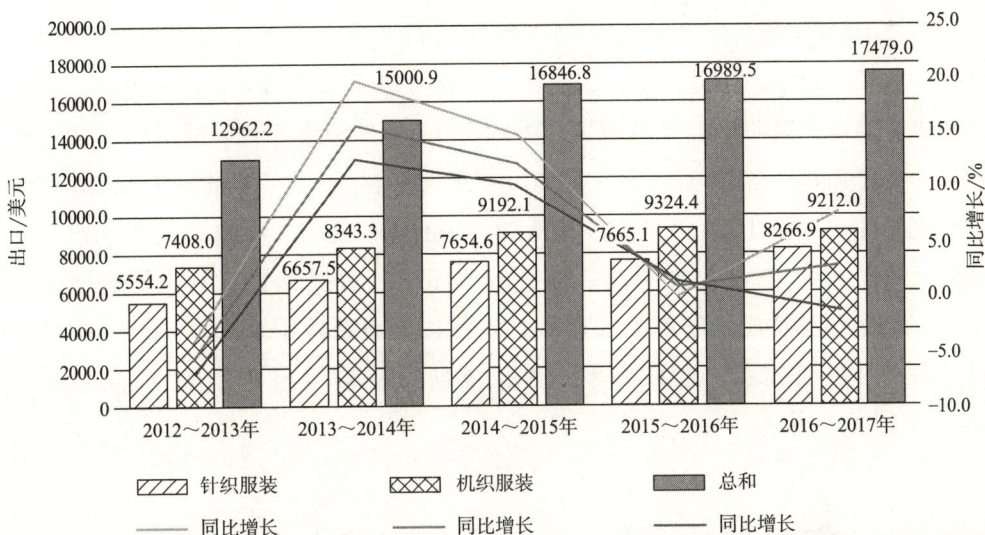

图 2.4　2016 年度针织和机织服装出口总额及同比增长率（服装出口促进委员会 2016 年年度报告）
资料来源 http://aepcindia.com/

2.3　快时尚对环境可持续性的影响

能给人们带来最大利益，同时对环境造成影响最小的服装或纺织材料可被定义为是可持续的（Joy et al.，2012）。从根本上讲，每件衣服在其加工过程中的每个阶段都有其对应的环境影响踪迹。这就是快时尚商业模式与环境可持续性理念之间存在固有逻辑矛盾的原因（Lejeune，2016）。快时尚行业充分体现了社会对工业化的热情。因此它没有可持续的需求，意味着它迫使制造商甚至大品牌削减成本并以低价交付大量产品。廉价的合成纤维，化工产品和染料显然可以满足快时尚行业的这些先决条件，但反过来这些又对环境造成了更大的影响（Jake Hall，2016）。

服装行业对环境的影响包括棉产品加工过程中大量的水消耗以及合成过程中的化学污染和高能耗。快时尚领域可以通过增加合成纤维的使用来生产更价廉的产品。聚酯是常用的一类合成纤维，其生产周期中的二氧化碳排放量几乎是棉的三倍，它的完全降解可能需要数十年。仅在 2016 年，约有 2130 万吨的聚酯被用于服装，比 2000 年高出约 157%（Cheeseman，2016）。

在 2010 年，服装产业协会计划在服装的整个生命周期中提高资源利用率。他们实施了一项溯源研究，强调服装的下脚料可以作为新服装产品的原料。对废弃物成分的研究表明，垃圾填埋场内大约有 4% 是纺织废弃物，这其中包含服装行业的各个阶段（消费前、消费后和工业废弃材料）。这一数据表明仅 2010 年一年就产生了大约 1080 万吨纺织废弃物（Sakthivel et al.，2012）。可回收行业也只回收了大约 15 亿磅左右纺织废弃物。印度蒂鲁巴环境保护机构表明即使将废弃织物和纤维卖给纺织品回收商，包括二手服装经销商和出口商、擦拭布分选商和纤维回收商，也只有大约 4 亿磅纺织品被该机构收集（Sakthivel et al.，2012）。

2.4 纺织品和服装生产中产生的废弃织物

纺织品和服装生产中会产生不同类型的废弃物，可分为以下三类：

（1）生产废弃物。生产废弃物是指服装生产商产生的所有废弃物品，例如裁剪、样衣、剩余布料、下脚料、布卷头端等。生产废弃物由于其未被污染而成为重要的废弃物类型之一，可用于多种重复利用、回收和循环使用过程，还有另外一个重要的原因就是生产废弃物的体积通常很大并且非常规则。

（2）消费前废弃物。消费前废弃物是一种在被消费者使用之前就被丢弃的材料。例如，有时过剩的布匹和正常布匹的边角料等被转售到市场或制成尺寸较小的产品。然而大多数消费前纺织品废料都被简单地送到垃圾掩埋场。《纽约时报》记者 Jim Dwyer 于 2010 年 1 月发表了一篇文章，文中他发现了快时尚零售商要求员工在未售出的服装上剪出洞然后扔掉。两周更新一次产品系列的行业竞争成为服装产业消费前垃圾产生的主要原因。记者还在文中提到了世界各行各业所采用的许多替代方法（Dwyer，2016）。

（3）消费后废弃物。消费后废弃物包括个人不再需要的服装或家用纺织品，并由于各种原因（如因为破旧、陈旧或过时等）选择丢弃。这类材料通常质量良好，经适当复原后，可以作为二手服装被其他人重复使用，很多这样的服装都售卖给了欠发达国家。

2.5　废弃织物的处理

一般的废弃物管理概念是 4 个 R，即减少（reduce）、再利用（reuse）、循环再用（recycle）和回收（recover）。这一概念根据废弃物自身的有利条件来决定采用哪种方法。废弃物管理概念认为，首先应该防止或尽可能减少废弃物的产生；然后即使产生废弃物的可能性很小，也考虑到废物被重新利用的可能性；如果没有被利用的可能性或者已经被再利用，废弃物可以作为材料被回收。最后如果有可能，也可以尝试选择回收其原材料。在服装行业中，废弃物管理系统的目的是尽可能从服装中分离出实际效益，与此同时创建废弃物处理方法使对环境的影响降到最低。以下将从服装业和时尚业的角度讨论 4R 原则。

2.5.1　减少

减少（reduce）意味着尽可能减少购买和使用产品的数量。服装和时尚行业的零浪费概念并不是一个新概念。然而由于商业动机以及其他需求，零浪费概念即使在可能实现的情况下也没有实现。没有浪费的生产方式可以归为"减少"策略。在某些特殊情况下，还可以在再加工中实现减少策略。对服装产品进行修复和翻新，使之成为可被消费者接受的产品，也是减少浪费的一项创新举措。在所有工业生产环境中，都应该牢记"减少"概念，这将有助于人们尽可能减少废弃物的产生。

2.5.2　再利用

再利用（reuse）是一个服装业的重要策略，其重点是废旧材料的再利用，废旧服装产品的再分配和再销售。以服装制造业为例，"再利用"概念建议将废弃的面料或材料转化为另一种产品的附加值。用布头废料和拼接废料制成的织物可作为打样过程中的组分或原料。同样，装饰物、配件和其他材料也可以被利用。当产品不合格的原因仅是轻微的或质量参数问题，如条纹不匹配、口袋未对准或任何其他缝制缺陷时，这些不合格的服装可以不被丢弃或焚烧，而可以打折出售或者作为二手产品在市场上销售。从零售商或品牌商的角度来看，他们也可以以二手或打折的形式出售积压或过季的库存。服装的再利用有效减少了时尚对环境的负面影响。比如用于收集、分类和转售二手服装所需的能源比制作一件新衣服少 10~20 倍（Fletcher，2008）。

"再利用"策略的另一种方式是，每个人的衣橱里都有自己不想再穿的衣服。这些衣服可以捐赠给慈善机构，也可以与同事的家人分享，而不是丢弃。近年来，世界上许多发达国家在认识到纺织品丢弃对环境产生的巨大影响后，纷纷采用"再利用"这种方法。其中一种比较成功的方式是——旧货交换会，在这个交换会上，人们会把有价值但不再使用的衣物交换成他们所需要的衣物。人们会互换他们的衣服，这样，衣服的使用寿命便可以延长，减轻对环境的影响。美国资源保护办公室指出，平均每个人每年扔掉 27.21kg（60 磅）衣服（McInerney，2009）。尽管这些纺织品中有一些会被回收，但每年仍有将近 $6.58×10^{11}$ kg（1450 亿磅）的纺织品被送往垃圾填埋场。如果 1000 人停止丢弃而开始互换，那么可以减少 11t 不必要的纺织填埋垃圾，而这些衣物也会被别人所珍视。

为了鼓励人们交换服装，有些社区也建立了不同的衣物互换网站，人们可以把自己用过的服装产品和别人的一些服装产品进行交易，如 SwapStyle.com、Dig N Swap、ClothingSwap.com 等网站都是基于这种"再利用"的概念来减少衣物丢弃带来的负面影响。英国的平均织物消费量达 17.5kg/（人·年）（McInerney，2009）。研究人员指出有 60% 的服装最终进入垃圾填埋场，其中的很大一部分服装是可以通过交换衣服、购买二手衣服以及在特殊场合租赁昂贵服装等方式对它们进行再利用。他们还提出了人们应该重复使用他们"从未穿过"的东西，而不是丢弃（McInerney，2009）。

2.5.3 循环再利用

循环再利用（recycle）是将废弃的物品转变成新产品的过程，以防止有潜在价值的材料被浪费并减少全新原材料的消耗。能源和水通常被用来改变废弃物的物理性质。因此从这个角度来说，更建议采用前面的"减少"和"再利用"策略以减少能源和水的消耗。循环再利用是指向制造商提供经过再加工的原材料，作为生产新产品的原料。循环再利用材料可以节约资源，而且通常比生产新材料所消耗的能源要少。回收过程可以分为以下两种方式。

2.5.3.1 向上循环（up-cycling）

这种方法一般是将旧的或废弃的材料变得有价值，而且通常比较精美的物品。在执行向上循环时，旧物品会在这个过程被创建一个全新的使用目标。向上循环的目的是利用现有材料，避免浪费可能有用的材料。这样可以减少在制造新产品时对新原料的使用，进而可以减少能源消耗、污染并减少消耗臭氧层物质的排放等（Braungart et al.，2002）。向上循环的理念与购物文化背道而驰，鼓励个人考虑采用新的和创造性的方法来利用东西，而不仅是购买新商品。同样，这种理念提倡尽可能对物品进行重复使用而不是丢弃来保护环境。

2.5.3.2 向下循环（down-cycling）

将高价值物品转换为低值原材料的过程。与向上循环过程相比，这种方式是最不推荐的一种。例如，用纸制造再生纸，用旧布和服装制造擦拭布等。尽管向下循环在一定程度上对地球有好处，因为它使物品远离垃圾填埋场（至少在一段时间内是如此），但从长远来看，这些物品最终还是会到达垃圾填埋场。

2.6 服装生产各工序产生的废弃织物

在服装生产过程中，最初是从面料加工工序开始的，在这个过程中，生产商从供应商那里获取原材料。产生废弃织物的第一道工序是织物检验。将检验后的织物放置在裁剪台上，由裁切师进行裁剪，这是产生废弃织物的第二道工序。裁切后，为避免在缝纫过程中出现色差，将裁切的各部分按顺序编号。所有裁剪后的零散面料经过编号和捆绑工序后，转移到缝纫线上进行缝纫。这是产生废弃织物的第三道工序。在缝纫过程中，由于缝纫质量或裁剪问题，会产生零散废弃织物。缝制后的服装将被送至成品质检工序，由质检员进行100%的成品质检，如果质检时发现任何不可修复的缺陷，这件服装将被丢弃。这是废弃织物产生的另一道工序。在质检工序之后，服装将被打包交付。图2.5为服装生产过程中可能产生废弃织物的工序。图2.6详细列出了服装从制样到零售阶段产生的不同类型废弃织物。

```
                        ┌──────────┐
                        │   面料   │
                        └────┬─────┘
                        ┌────┴─────┐              ┌──────────────┐
                        │ 织物检验 │─────────────→│ 废弃织物产生点1│
                        └────┬─────┘              └──────────────┘
                        ┌────┴─────┐
                        │   铺布   │
                        └────┬─────┘
              ┌──────────┐      ┌──────────┐
              │ 排料规划 │      │   排料   │
              └────┬─────┘      └────┬─────┘
                        ┌────┴─────┐              ┌──────────────┐
                        │ 织物裁剪 │─────────────→│ 废弃织物产生点2│
                        └────┬─────┘              └──────────────┘
                    ┌────────┴────────┐
                    │ 颜色分类和捆绑  │
                    └────────┬────────┘
                    ┌────────┴────────┐
                    │ 裁剪样布编号    │
                    └────────┬────────┘
                        ┌────┴─────┐
                        │   缝纫   │
                        └────┬─────┘
              ┌──────────┐      ┌──────────┐      ┌──────────────┐
              │ 品质监查 │      │ 缝纫瑕疵 │─────→│ 废弃织物产生点3│
              └────┬─────┘      └──────────┘      └──────────────┘
                        ┌────┴─────┐              ┌──────────────┐
                        │ 检查校验 │─────────────→│ 废弃织物产生点4│
                        └────┬─────┘              └──────────────┘
                    ┌────────┴────────┐
                    │ 熨烫和包装      │
                    └────────┬────────┘
                        ┌────┴─────┐
                        │ 准备发货 │
                        └──────────┘
```

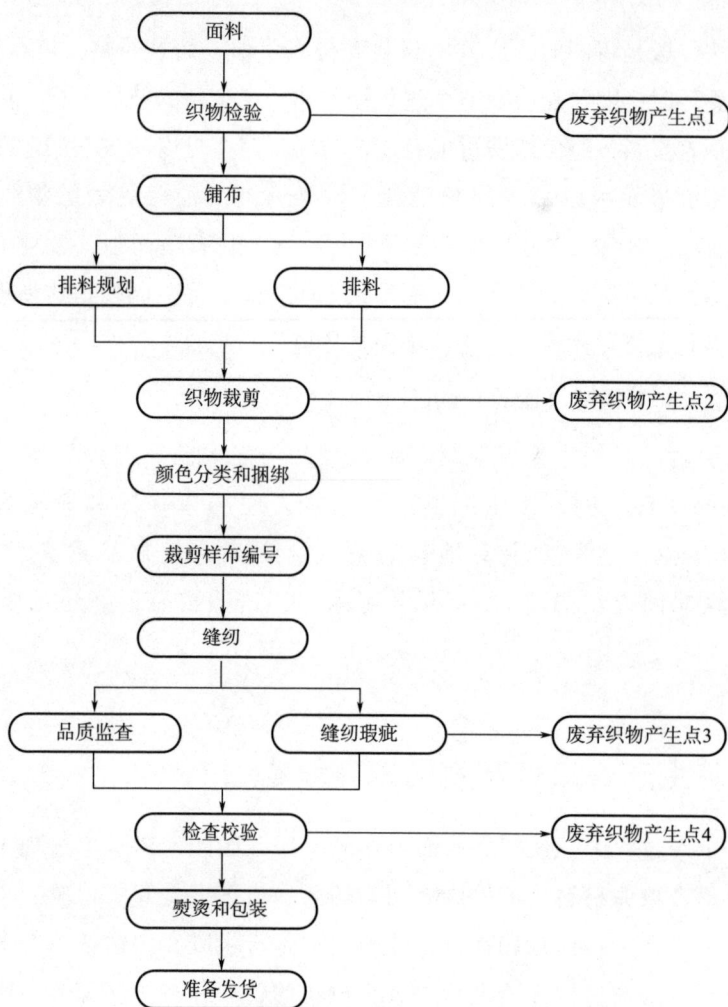

图 2.5　服装生产过程中可能产生废弃织物的工序

2.6.1　服装和面料的样品

在服装开发阶段，在样衣制作过程中会采购和使用不同类型的面料。服装开发完成后，服装样品和面料样品将交付客户进行确认，根据客户意见，服装样品或面料可能会被接受或拒绝。即使方案被接受，客户可能还想修改风格特征或对设计稍加改动。此时，服装和面料的样品就会作为废物被丢弃。

图 2.6　服装生产过程中产生的不同类型的废弃织物

2.6.2　裁剪废弃织物

裁剪工序产生的第一种废弃织物是裁剪废料。第二种废弃织物是在服装生产完成后的剩余面料。这些剩余面料会被最大限度地进行利用，过短和未使用过的材料会在这个阶段被当作废弃物丢弃。

2.6.3　裁剪和缝纫废弃织物

缝纫废弃织物通常是由于缝纫疵点和质量问题产生的。这种废弃织物有时是成衣，有时是半成品。

2.6.4 未出售的成衣

在特定季节结束后，制造商或品牌商会根据流行趋势推出新款，旧款将从零售店移除。大多数情况下，这些产品将作为二手产品或打折品出售。然而有的品牌会为了他们的品牌形象，把旧款服装撕碎当作废料丢弃。

2.7 裁剪工序减少织物损失的因素

裁剪工序是服装行业废弃织物产生的重要工序之一。裁剪的目标应该是尽量减少浪费，这可以通过许多不同方式来实现。其中最普遍实用的方法是利用计算机辅助系统使该工序产生的废弃织物最少。本节将详细讲述对裁剪工序效率有重要影响的各项因素。

2.7.1 排料损耗

排料是决定服装样片板面布局最有效的方法之一，可以适用于不同风格的面料和不同的尺码组合。排料损耗是指出现在排料不可用区域的废弃织物。可以把所选款式和尺寸所得到的所有样片轮廓绘制在一张纸上，通常称为唛架纸。排料有助于更好地利用织物，并最大限度地减少浪费。服装的排料有两种不同的方法（Puranik et al.，2017）。

（1）人工排料。这一过程需要一位技术熟练、经验丰富的排料师傅。样片排列和尺寸组合比由排料师傅决定，因此这一过程的效率主要取决于排料师傅的技能。这一纯手工工艺可以通过在纸上绘制原始尺寸板型或在纸上制作一个缩略板型，然后在织物上复制相同的图案。

（2）计算机排料。采用计算机辅助系统的自动排料的应用提高了排料精度，建立了对影响因素的控制，相比人工排料大大缩短了时间。在该过程中，开发的设计图首先输入计算机辅助系统的内存。一旦将板型细节写入系统，排料方案可以自动生成或者通过用户界面方法自动生成。除了这些过程，综合利用操作者技能和计算机编程的人机互动模式更加有利。

2.7.2　服装设计

裁剪工序废弃织物的产生受到服装设计要求的严重影响。这是影响裁剪工序废弃织物产生的主要因素之一。假如一种特定的服装设计需要将织物裁剪成斜纹理，那么面料的浪费是不可避免的。同样，衣服组件应与服装的风格相协调，如条纹衣服的口袋或衣领格子应与服装主体风格相匹配，否则织物就会被浪费。一般来说，织物的宽度和长度是影响排料长度和宽度的相应因素，排料是根据织物的宽度和尺寸数量来制定的。因此，当在一个订单中有不同的织物宽度要求时，废料的百分比就会增加。在这种情况下，可以通过将相似宽度的织物组合在一起或者为不同宽度织物生成单独的唛架方案等方式来减少浪费（Solinger，1988）。另外，在排料中使用不同尺寸和不同颜色的组合是另一种非常浪费面料的方式。

2.7.3　用布率

用布率是对裁剪工序产生废弃织物具有重大影响的另一因素。用布率可以采用以下公式进行计算（Solinger，1988）。

$$用布率 = \frac{样片面积}{织物总面积} \times 100\%$$

通过提高用布率，可以获得最低的面料损耗。一般来说，排料中的废物是未转化为服装的部分。换言之，就是留在样片之间的织物。排料软件通常在计算用布率时不仅要考虑唛架外的废物，还要考虑标记内部的微小部分。排料的效率通常受到，如织物特性、样片形状、面料利用率标准和唛架质量等因素的影响（Carr et al.，1994）。

2.7.4　铺布损耗

铺布损耗是指在排料区域之外的织物损耗。如图 2.7 所示，铺布损耗可大致分为几种不同类别，包括铺布两端损耗、拼接损耗、布边损耗、剩余损耗和标签标记损耗等，我们将在下面分别展开讨论（Carr et al.，1994；Kunz et al.，2005）。

2.7.4.1　铺布两端损耗

对于每个铺布过程，由于织物的适应性和延展性特点，织物的两端通常都不使

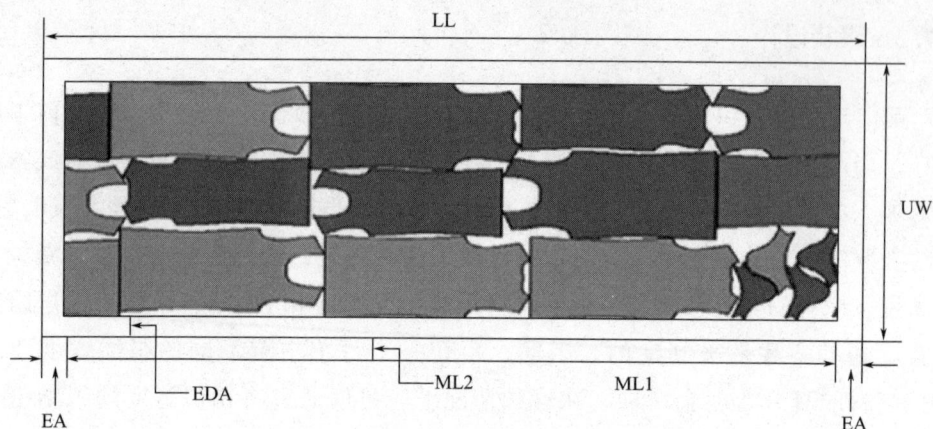

图 2.7　排料过程中产生的废物

EA—两端留量（即铺布的头端和尾端的留量）　LL—铺布长度（即排料长度+两端留量）

EDA—布边留量（即面料两侧布边的留量）　ML2—排料损耗（即排料后布片外的织物损耗）

UW—排料可用宽度（即布料宽度−布边留量）　ML1—排料长度

用。通常情况下，大约每边留出 2.5cm（1 英寸），如为单层铺布需留 5cm（2 英寸）。如果使用较稳定的机织材料，可以根据需要在每边可减少约 1cm 的距离。研究表明，对于某些特殊订单，光是铺布两端损耗就浪费了订单面料的 1%～2%。一般情况下，长度较长的比长度短的铺布损耗率低（Kunz et al.，2005）。

2.7.4.2　拼接损耗

拼接是将两种织物结合在一起的过程。裁剪过程仅考虑织物的宽度来进行排料。铺布长度将根据效率的要求进行调整。因此，织物长度和铺布长度不能完全匹配。由于这个原因，布卷在铺布过程中间很可能就用完了。在这种情况下，无论是人工还是计算机辅助铺布，操作人员都需要启用或者加载新布卷，通过缝纫或交叠的方式与前一布卷连接。无论哪种情况，在拼接处切割出来的织物样片都是浪费的。据估计，拼接损失占织物总使用量的 0.5%～1%。

如果织物存在瑕疵，也需要使用拼接工艺，例如 GSM 切割孔、大块油迹等。在这种情况下，切割和消除这些瑕疵，并在此之后对织物进行拼接。拼接次数越多，织物损耗越大。根据客户的质量标准和要求，制造公司可以留下或剪掉织物上的瑕疵。通过公司质量政策的合理规划和执行可以减少这种类型的损耗。

2.7.4.3　布边损耗

在针织服装行业中，织物宽度的变化是一个常见的问题。这是因为面料制造商为了及时供货会使用不同的供应商或不同的机器开发面料。正常情况下，在排料过程中，为了避免布边的微小变化，排料时会在布的两边分别预留 1cm，这意味着织物的宽度要小 2cm，这一宽度称为可用宽度。因此如果织物门幅变化很大，布边损耗率就会很大。如果一种宽度为 100cm 的织物，共需要留 2cm 的余量（每侧 1cm），将浪费总织物的 2% 作为布边损耗。如果织物的宽度相同且更稳定，布边预留距离可以减小到 1cm 以下以减少浪费。因此可以在织物织造过程中改进工艺条件，减小布卷之间的宽度差异，进而减少布边损耗造成的直接损失。

2.7.4.4　剩余损耗

残余长度或剩余长度是服装制造商裁剪工序产生的另一类废织弃物。当公司订购的面料过多时，会根据面料的颜色将面料分开，这时一般会产生残余长度。如果这些残余面料具有足够的长度或者布卷数量足够多，那么这些织物就可以被用于服装裁剪，将这些织物单独铺布或作为铺布主体的替补。然而，由于残留布料的差异较大，利用率通常比较低。

2.7.4.5　标签标记损耗

在机织物和针织物的销售阶段，会对机织物的长度、针织物的重量以及其他用于鉴别面料的技术参数进行测量。对于这些信息，可以直接打印在织物上，或者采用标签形式的纸张贴在织物上，也可以使用永久性布用记号笔将这些信息写在织物上。大多数情况下，会在这个标签内容中会提及纤维种类、GSM、布匹总长度等信息。如果能提升做标签的规范性，由于标签标记产生的布料损耗就可以减少（Carr et al.，1994；Kunz et al.，2005）。

本研究的主要目的是明确服装生产工序产生的不同废弃织物，并确定这些废弃织物产生的主要节点。此外，本研究还关注这些废弃织物的回收和利用。回收工艺可以把收集的废弃织物变成一种全新织物。基于这一观点，我们针对蒂鲁巴的不同服装制造企业进行案例研究。

2.8　服装生产各工序废弃织物产生的实例分析

前期研究中分析了关于服装生产工序产生的废弃织物。这方面的研究工作很有限。由 Rahman 和 Haque（2016）进行的一项研究给出了服装行业裁剪工序的废弃织物率。他们研究了在裁剪、平板检验、缝纫、整理等工序中产生的废弃织物。研究人员针对孟加拉国五个不同针织 T 恤制造商进行了研究，并计算出每道工序的平均废弃织物率。他们的研究表明，在选定的织物数量中，有平均 26.52% 的织物在整个服装生产过程中被浪费，其中裁剪工序占比最大，产生 13.57% 的废弃织物。各工序在相应流程结束后所产生的废弃织物平均值见表 2.1（Rahman et al.，2016）。

表 2.1　不同工序的废弃织物率

制造商	织物重量/g	废弃织物率/%				总废弃织物率/%
		裁剪	平板检验	缝纫	整理	
1	16551	16.5	6.67	4.15	1.66	28.98
2	25255	15.04	6.78	4.24	1.69	27.75
3	27541	13.83	6.90	4.29	1.72	26.74
4	27798	10.96	7.12	4.45	1.78	24.31
5	29717	11.56	7.09	4.42	1.76	24.83
平均值	25372.4	13.57	6.91	4.31	1.72	26.52

在 Tanvir 和 Mahmood（2014）进行的另一项研究中，他们分析了孟加拉国的针织服装制造行业。他们测量了服装行业不同订单在各个节点所产生的废弃织物数量。他们还收集了来自孟加拉国的 30 个服装工厂的生产数据，见表 2.2（Tanvir et al.，2014）。

表 2.2　不同工厂各工序总废弃织物率

工厂序号	织物重量/kg	废弃织物重量/kg					废弃织物率/%
		检验损耗	裁剪损耗	缝纫损耗	整理损耗	总废弃织物	
	A1	第1点	第2点	第3点	第4点	A2	
1	700	35	50	20	10	115	16.25
2	750	30	40	25	15	110	14.67
3	780	40	50	15	10	125	16.03
4	800	25	30	30	20	105	13.13

续表

工厂序号	织物重量/kg	废弃织物重量/kg					废弃织物率/%
		检验损耗	裁剪损耗	缝纫损耗	整理损耗	总废弃织物	
	A1	第 1 点	第 2 点	第 3 点	第 4 点	A2	
5	820	20	45	30	15	110	13.42
6	880	25	40	35	20	120	13.63
7	910	50	70	30	25	175	19.24
8	950	45	65	25	20	155	16.34
9	990	25	35	35	15	110	11.12
10	1000	50	50	30	10	140	14
11	1100	25	40	25	5	95	8.64
12	1900	100	100	50	40	290	15.27
13	2000	80	60	30	50	120	6
14	2300	110	100	50	20	280	12.18
15	2500	25	20	10	5	60	2.4
16	3000	20	40	30	10	100	3.34
17	3200	60	35	20	20	135	4.26
18	3600	50	30	10	15	105	2.9
19	3900	90	35	30	20	175	4.49
20	4000	80	30	25	25	160	4
21	4100	40	25	50	20	135	3.30
22	4250	35	30	30	10	105	2.48
23	4400	55	25	50	5	135	3.06
24	4700	70	30	30	5	135	2.89
25	5000	65	25	50	10	150	3
26	14000	50	120	20	45	235	1.68
27	1100	25	15	25	10	75	6.8

续表

工厂序号	织物重量/kg	废弃织物重量/kg					废弃织物率/%
		检验损耗	裁剪损耗	缝纫损耗	整理损耗	总废弃织物	
	A1	第1点	第2点	第3点	第4点	A2	
28	24200	220	200	50	40	470	2
29	23100	140	180	45	30	385	1.6
30	1600	10	10	25	5	50	3.1
总计	136930	1585	1325	930	540	4240	—

在针对30个服装工厂的研究中,研究人员从检验损耗、裁剪损耗、缝纫损耗和整理损耗这四个节点计算了废弃织物重量。他们的研究表明,约25%的织物损耗发生在这些过程中。研究结果还表明,在所选定的工序中,织物检验和织物裁剪工序中产生的废弃织物率较高。裁剪工序产生的废物率明显高于服装工厂的其他工序。通过本研究可以看出,在使用的136930kg织物中,仅在裁剪工序就浪费了2910kg织物(Tanvir et al.,2014)。

根据现有文献,可以清楚地了解到,服装生产中的废弃物大部分来自裁剪工序。与缝纫工序和整理工序所产生的废弃织物相比,裁剪工序产生的废弃织物数量明显偏高。鉴于这些研究,研究人员收集了蒂鲁巴针织服装业的裁剪工序废弃织物率以了解裁剪工序所产生的废弃织物在整个服装生产工序中产生废弃织物中所占的比例。研究结果见表2.3。

表2.3 裁剪工序废弃织物率

订单号	织物克重/(g/m²)	织物投入量/kg	废弃织物量/kg	废弃织物率/%
1	155	850	59.5	7.00
2	155	1206	237	19.66
3	175	1885	482.42	20.38
4	155	2000	415	20.77
5	184	1278.59	464.77	26.66
6	175	1666.59	401.19	19.4

订单号	织物克重/（g/m²）	织物投入量/kg	废弃织物量/kg	废弃织物率/%
7	208	2207.64	591.90	21.14
8	160	1260	340	26.9
9	180	1010	240	23.7
10	200	1450	648	44.6
11	155	1850	385	20.8
12	170	2250	462	20.5
13	180	1885	420	22.2
14	180	2020	382	18.9
15	175	1550	216.5	13.9
平均值		2436.82	5745.28	—
平均废弃织物率		23.57%		

从来自 10 个不同工厂的 15 个订单分析结果可以看出，仅裁剪工序的平均废弃织物率高达 23.57%。这些结果与研究人员 Tanvir、Mahmood（2014）和 Rahman、Haque（2016）所做的研究结果相吻合。研究过程中另一个重要因素是研究人员收集的裁剪废料都是采用计算机辅助排料产生的。因此可以看出，服装款式和板型设计在产生废弃织物这一过程中起到至关重要的作用，而与排料所使用的方法无关。某些特定款式，如表 2.3 所示中 10 号订单表明某些特殊款式需要浪费大约 44.6% 的面料。

2.9　利用废弃织物开发再生纤维及纺织品

利用裁剪工序产生的废弃织物作为织造的原材料。使用破布除尘机将收集的废弃织物转化为纤维。从工厂收集的废料经过人工分离以实现颜色相似性。将 50kg 的废弃织物喂入破布除尘机中。如图 2.8 所示，破纤后的纤维可以为不同成纱工艺提供原材料。

从服装生产工序收集的裁剪废弃织物被分解成纤维，然后纺成纱线，最后用纬

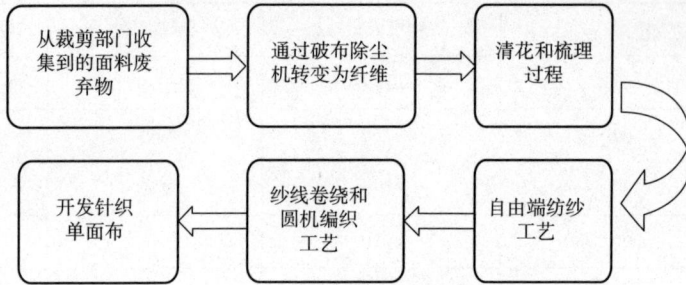

图 2.8　织物开发过程的流程图

编机开发了针织产品。

2.9.1　纱线性能分析

表 2.4 给出了再生棉纱和普通棉纱的纱线性能对比。

表 2.4　再生棉纱和普通棉纱的性能

编号	描述	普通棉纱	再生棉纱
1	TPI	22.1	18.21
2	细节/km（−50%）	0	27
3	粗节/km（+50%）	8	42
4	棉结（+200%）/km	32	80
5	毛羽指数	4.1	4.8
6	强度/（cN/tex）	17.5	12.1
7	不规则度 CV/%	17.88	28

从结果可以看出，相比普通棉纱，再生纱线中的缺陷较多。再生纱线的强度相比普通纱线要低。

2.9.2　织物性能分析

2.9.2.1　织物后整理

由于纤维长度不同、细度不同以及其他加工因素的影响，例如梳棉和自由端纺纱工艺，由裁剪废料回收所开发的织物表面非常粗糙。因此，为了改善织物手感，通常先采用酶处理织物，并采用阳离子有机硅柔软剂进行整理。

（1）酶处理。在后整理过程中，将 0.6g/L 的酶促退浆剂和 0.5g/L 的去污剂添加到浴液中。该处理过程的温度设定为 50℃，时间为 20min，料液比为 1∶10。经酶处理后，通过清洗工序对织物进行中和。

（2）软化过程。在软化过程中，将 1g/L 的阳离子软化剂和 0.5g/L 的有机硅添加剂加入浴液中，料液比为 1∶8。该处理过程温度设定为 40℃，时间为 20min。织物经整理后，将织物烘燥轧光后进行测试。

2.9.2.2　织物性能测试

将所开发的织物进行以下测试，并与常规 100% 棉单面针织物进行比较。测试方法和测试标准可参照 AATCC 135—2015（尺寸稳定性）、ASTM D3786（顶破强度）、IS 10971（抗起球性）、ASTM D4966（耐磨性）、AATCC 179—2004（扭曲度）（Savelle，1999）。

（1）物理指标。将再生纤维纱线与普通棉纱分别织制成的面料性能进行比较，见表 2.5。

表 2.5　再生织物和普通织物的性能比较

编号	指标	普通织物	再生织物
1	纱线密度	19.44tex（30 英支）	21.52tex（28 英支）
2	纱线类型	100% 纯棉	OE 纱 100% 棉染色纱
3	循环长度	27mm	32mm
4	直径	30mm	26mm
5	GSM	160	177
6	厚度	0.52mm	0.64mm

（2）尺寸稳定性。尺寸稳定性是指织物抵抗尺寸变化的能力。洗涤、干燥、蒸汽洗涤和熨烫等过程都会改变服装尺寸，根据织物类型可能会收缩或者延长。表 2.6 中给出了研究人员再生织物与普通织物的尺寸稳定性的测试结果。

表 2.6　再生织物与普通织物的尺寸稳定性

编号	纵向收缩率/%		横向收缩率/%	
	普通织物	再生织物	再生织物	再生织物
1	2	4.2	0.5	0.9
2	2.2	4	0.9	0.8
3	3.5	4.2	0.6	1
4	2	4.5	0.5	0.9
5	2	4.2	0.6	1
平均值	2.34	4.22	0.62	0.92

测试结果表明，再生织物在两个方向上的收缩率均高于正常织物。再生织物的纵向收缩率平均值为 4.22%，而普通织物只有 2.34%。再生织物的收缩率约为普通面料的 2 倍。再生织物尺寸不稳定性较高的原因可能是由于在自由端纺纱工艺中使用多种纤维。通常情况下，结构差异和纤维类型在织物尺寸稳定性方面发挥重要作用。特别是在针织结构方面，与 100% 纯棉环锭纺和自由端纺纱制成的织物相比，混纺纱线的尺寸稳定性较低（Nihat Çel et al.，2008）。从这个角度来讲，再生纱线与混纺纱非常相似，其中混合了不同类型的棉纤维。因此，所开发的再生织物的尺寸稳定性预计要低于普通织物。这些结果与 Onal 和 Candan（2003）的研究结果相吻合。

在横向收缩方面，本研究结果与已有的研究成果不一致。已有研究表明，转杯纺织物在宽度方向上的收缩比环锭纺纬平针织物略小，这是因为它们具有更好的延展性，因此在尺寸上更稳定（Erdumlul et al.，2009）。当前研究结果与这一结论相矛盾，可能是由于回收过程中不同质量和不同长度棉纤维的混合。但这些研究成果与其他一些研究人员的研究结果相吻合，他们认为转杯纺针织面料收缩率较高（Burnip et al.，1973；Lord et al.，1974；Sharma et al.，1986）。总体而言，再生棉纱的尺寸稳定性低于普通 100% 纯棉纱。

（3）顶破强度。从任何角度来讲，织物强度都是非常重要的参数。最关键的就是织物必须有足够的强度来承受其加工过程（Ertugrul et al.，2000）。当织物在顶破测试中失效时，失效裂纹会沿着断裂伸长率最小的方向上扩展。这是因为当织物进行顶破这种形式的测试时，织物各个方向上都施加了相同大小的应力。

　　这项研究评估了通过自由端纺纱制备的再生棉纱针织物和普通棉纱针织物的顶破强度。结果表明，开发的再生棉纱织物顶破强度比普通棉纱织物低 2.5 倍。100% 纯棉织物的平均顶破强度为 160.8 磅/平方英寸（PSI），但开发的再生棉纱织物的顶破强度 5 次平均值为 63.6 PSI。针织物顶破强度的降低有两个可能的原因。第一个原因是所采用的纱线成型工艺。已有研究表明，由环锭纺纱线制成的织物比诸如自由端和涡流纺纱技术制备的织物具有更高的顶破强度。这个结果是可以预知的，因为与环锭纺纱相比，转杯纺纱的强度更低（Erdumlul et al.，2009）。

　　第二个可能的原因是纤维含量。针对纤维含量而言，100% 纯棉织物具有最高的顶破强度。Candan 等（2000）的研究成果与当前研究结果一致。虽然新开发的织物也是 100% 棉纱，但是其中所包含的回收纤维性能明显低于 100% 的原棉纤维。这可能是导致所开发织物顶破强度较低的原因。纱线支数及其强度也是决定织物强度的重要参数，从纱线分析可以看出，再生纱线比普通棉纱的强度低。表 2.7 中是再生织物与普通织物的顶破强度测试结果。

表 2.7　再生织物与普通织物的顶破强度

编号	普通织物/PSI	再生织物/PSI
1	160	63
2	162	66
3	161	65
4	160	63
5	161	61
平均值	160.8	63.6

　　（4）抗起球性。起球是纤维运动或滑出纱线的现象，通常在磨损或穿着过程中在织物表面发生。表 2.8 为再生织物与普通织物的抗起球性能的测试结果。

表 2.8　再生织物与普通织物的抗起球性能

编号	普通织物/级	再生织物/级
1	3	1
2	4	2
3	3	1
4	3	1
5	3	1
平均值	3.2	1.2

结果表明，再生织物具有较差的抗起球性能。值得注意的是普通环锭纺棉纱针织物的抗起球性平均为 3 级，属于中等的抗起球性能等级。由再生纱线开发的织物显示出极低的抗起球性，其抗起球等级为 1 级，意味着再生织物表面有严重的起球现象。正如 Candan 等（2000）所提到的，由自由端纺纱制成的针织面料抗起球性能要优于由环锭纺纱制成的针织面料。针对抗起球现象可能的解释是自由端纱线外层松散地包裹着纤维外层并带有尾环，而环锭纺纱线内部纤维伸直度较好、结构紧凑使得内部纤维不容易抽拔出来且绒毛不易去除，从而降低了织物抗起球等级。但我们目前的研究结果正好相反，自由端纱线织物抗起球性能非常差。导致这一结果的主要原因是再生纤维。由于再生纤维的长度不一致，因此裸露在外的松散纤维数量增加，这可能是产生密集小球的主要原因。除了再生纤维长度不一致之外，较低的捻度进一步降低了纤维间的摩擦，而较短的纤维直接导致开发的针织物更容易起球。

（5）耐磨性。织物的耐磨性和抗起球性是相互关联的。耐磨性数值越高，意味着耐磨性越好，摩擦起球的数量越少，也就是抗起球性能越好。正因为如此，结果显示回收的自由端纱线织物的耐磨性和抗起球性都具有最大值（Can，2008）。当前研究结果表明，自由端再生棉纱的磨损比环锭纺普通棉纱线更严重，这是由于纤维和纱线的本质特性所致。相比短纤维，纱线或织物内的长纤维有利于改善耐磨性（Savelle，1999）。

当前研究中，再生纤维的长度差异性较大，再生棉纱的捻系数也与普通棉纱有所不同。与环锭纺普通纱线相比，自由端再生纱线的捻系数较低。适当的纱线捻度可以得到使织物获得更好的耐磨性。当捻度较小时，纱线内纤维很容易松散，降低了耐磨性，上述就是再生棉织物耐磨性能略有下降的主要原因。普通织物的平均失重率为8.1%，而开发的再生织物平均失重率为9.2%（表2.9）。这些结果也与前人的研究结果相吻合（Lord et al.，1974；Alston，1992）。

表 2.9　再生织物与普通织物的耐磨性（失重率）

编号	普通织物/%	再生织物/%
1	8.3	8.5
2	8.1	9.2
3	8.7	9
4	8.3	8
5	8.1	9.2
平均值	8.3	8.7

（6）扭曲度。扭曲度是尺寸偏差的问题之一。由圆形针织工艺生产的纬平针织物通常会遇到这个问题。扭曲问题会影响针织服装的外观和性能。通常通过侧缝在正面和背面的移位来对扭曲度进行识别，这是服装制造过程中的主要质量问题之一。造成这一问题的主要原因是针织物中纵行线圈的位移和走向与原始垂直方向存在一定角度的偏转（Afroz et al.，2012；Hossain et al.，2012）。

针织物的扭曲角对织物性能分析至关重要。目前的研究结果表明，所开发的再生织物的扭曲角比普通100%纯棉针织物大。基于前面的分析，该结果是可预见的，自由端纺纱工艺和再生纤维的特性是造成这一结果的主要原因。这与已有的研究成果完全相反，之前的研究结果表明捻向和捻度是产生扭曲的主要原因。由于自由端纺纱的捻度明显小于环锭纺和紧密纺，因此在织物形成过程中纱线上的扭矩也较小。因此，自由端纱线的扭曲度降低（Mezarcioz et al.，2011）。从研究结果中可以清楚地看出，开发的再生织物所具有较高的扭曲度完全与再生纤维的特性有关。这可能是自由端纺纱比环锭纺纱具有更高扭曲度的唯一原因（Hassan，2013）。表2.10为再生织物与普通织物的扭曲度数值。

表 2.10 再生织物与普通织物的扭曲度

编号	普通织物/%	再生织物/%
1	7.1	10.3
2	7.5	10
3	7.6	9.7
4	8.3	10.2
5	8.5	9.6
平均值	7.8	9.96

2.9.3 开发再生纤维织物的成本分析

表 2.11 提供了再生织物和普通织物的成本分析结果。可以看出，生产 1kg 普通织物的总成本为 374 卢比，而再生织物的成本为 254 卢比。成本的减少主要与纱线成本和染色成本有关。

表 2.11 再生织物和普通织物的成本分析

编号	成本因素	普通织物成本/ （卢比/kg）	再生织物成本/ （卢比/kg）
1	纱线成本	230	170
2	织造成本	17	17
3	染色成本	120	—
4	洗涤成本	—	60
5	熨烫和精加工成本	7	7
总计		374	254

有一些企业已利用再生纤维织物开发生产了不同服装，如图 2.9 和图 2.10 所示。

图 2.9 胸前印花男式圆领 T 恤

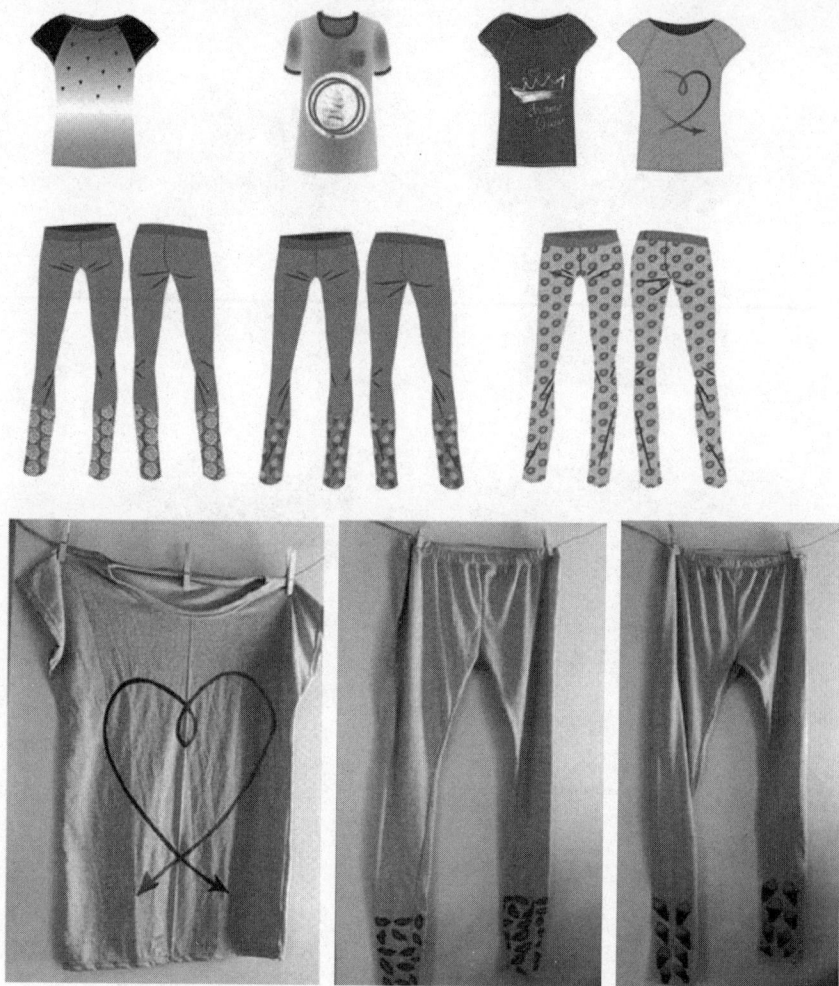

图 2.10　女式印花圆领 T 恤和长裤

2.10　品牌的可持续发展

许多行业领军品牌正在考虑生产过程对环境造成的影响。因此，他们已经开始在其制造厂中进行回收和再利用，以减少对环境的影响。以下是一些品牌在推动可持续发展方面所采取的措施。

2.10.1　Evrnu™

Evrnu™进行了富有想象力的创新，将可重复利用废弃棉织物制成优质、可持续的纤维，称为"原始新纤维"。该公司基本上将收集到的所有固体废物转化为液体，然后加工成纯净纤维，可以满足设计人员和产品开发团队的要求。他们断言，与制备传统棉纤维相比，它们所用的水量要减少98%；与聚酯纤维的生产相比，CO_2的排放量减少90%。Evrnu品牌的生产过程如图2.11所示。

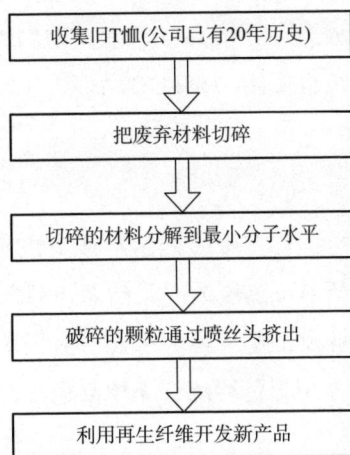

```
┌─────────────────────────────────┐
│  收集旧T恤(公司已有20年历史)      │
└─────────────────────────────────┘
              ⇩
┌─────────────────────────────────┐
│        把废弃材料切碎            │
└─────────────────────────────────┘
              ⇩
┌─────────────────────────────────┐
│   切碎的材料分解到最小分子水平    │
└─────────────────────────────────┘
              ⇩
┌─────────────────────────────────┐
│   破碎的颗粒通过喷丝头挤出        │
└─────────────────────────────────┘
              ⇩
┌─────────────────────────────────┐
│    利用再生纤维开发新产品         │
└─────────────────────────────────┘
```

图2.11　Evrnu品牌回收活动的流程周期

资料来源 www.evrnu.com

2.10.2　Fabscrap

Fabscrap在纽约市提供一种纺织品的简便收集和回收体系。他们联合了众多领军时尚品牌、独立设计师、裁剪室、艺术组织、学校和区域性加工商等。他们还计划建立一个向上回收和向下回收联合系统，以确保废旧纺织品最大限度地从垃圾填埋场转移出来。

2.10.3　ReRoll

将裁剪工序产生的废弃织物变成新的纺织产品。从制造厂、各生产工序和设计师那里收集废弃织物，这一做法意味着开始终止服装行业的低效率作业。它将织物的碎片或废料转变为新产品的能源或原材料。该工作室由创作者 Daniel Silverstein 建立。在他看来，利用他独创的方式可以将行业标准中的低效率形式转变为另一种时尚，从而实现"零废弃"的目标。

2.10.4 TONLÉ

TONLÉ 首先从大规模纺织制造商那里收集纺织废料，他们通过柬埔寨生产商制造新的手工服装和装饰品。但是，TONLÉ 仍然在努力消除他们最后 2%～3% 的加工废弃物，这样他们将真正成为"零废弃"产业。他们还将不能用于设计的废弃织物转化为再生纸。这些再生纸也使用 TONLÉ 的吊牌。

2.10.5 Ecotec

Ecotec 是一家意大利公司，它将服装制造厂废弃的染色棉织物制成再生纱线。该公司还生产可追溯纱线。所谓可追溯纱线是指客户只需输入标签上打印的纱线信息，即可了解生产纱线的农业及工业来源。该公司消耗水量比同类纺织品加工公司减少 77.9%。这是由于他们采用彩色纱线，无须染色工艺，有利于降低制造商对环境的影响。

2.10.6 Trmtab

Trmtab 是一家致力于服装废弃织物回收和再利用的公司，它主要针对来自制造商的皮革废弃物，尤其是来自皮革制品的下脚料——皮革配料，他们将其转化为编织和 V 形缝合配件，如钱包和手包。皮革制造业拒绝使用带有污渍、标记和其他自然缺陷的皮革。这类优质皮革仅因为外观就被评为二等和三等皮革。Trmtab 将这种皮革废料回收和再利用，制成有价值的时尚配饰。

2.10.7 Pure Waste Textile

该品牌生产 1kg 棉需要 11000L 水，但是通过重复利用，减少了棉废料和水消耗的影响。原料收集主要通过两个主要途径：一是服装制造业的裁剪废弃织物，二是纺纱、织造厂的废弃纱线。他们将这些废弃物按品质和颜色进行分类，然后通过机械开松而再次变成纤维。根据服装的终端应用，这些纤维可以与化学回收法回收的聚酯或黏胶纤维混纺以实现特定用途（Chhabra，2016）。

2.11　可持续生产的发展趋势

目前设计趋势的真正问题是低端织物，也就意味着这些衣服碎片将被打包进行垃圾填埋或者准时变成向下循环的材料。尽管向下循环更明智，而不是直接将它们送到填埋场，但这种向下循环的材料也很快就会进入垃圾填埋场。将所有物品都进一步进行分类，直到最后被填埋。可以帮助服装行业实施可行性创新的方法就是闭环回收技术。这意味着一种物品将再次被利用直至几乎具有相同价值的类似物品。这是可持续生产的基本落脚点，因为它基本上复制了生活的一般过程。植物从泥土中生长出来，然后死亡并重新融入泥土，新的植物从相同的泥土中生长出来，这个过程不会产生废弃物。一个生动的实例就是模型企业，实现了零废弃物，不需要填埋任何东西，与聚酯纤维类似。一旦聚酯长丝纺丝成型，就被编织成一种材料或者织成一块布，最后被分解成再生聚酯纤维，再一次编织成具有同样价值的材料，这也是服装行业对天然纤维所采用的形式。

从目前研究来看，棉纤维的回收利用，有助于在服装行业形成闭环回收。从再生织物的性能分析可以清楚看到回收过程会损伤纤维的力学性能。这些发现与可持续服装联盟的报告一致，报告中曾提到天然纤维的闭环回收是几乎不可能实现的。棉花一旦被染色、整理或与其他材料混纺，闭环回收技术就不再可行。在 2016 年 5 月出现了新的希望，Levi's 与纺织科技初创企业 Evrnu™ 合作推出了一款牛仔裤的原型，这款牛仔裤是使用纯棉和通过化学方法从旧 T 恤中提取的再生棉混纺来制成的。他们曾提到既然有些织物对某些染料不敏感，那就从消费后废料中开发 100% 棉织物（Wicker，2016）。不仅是天然纤维，合成纤维闭环回收技术的应用也还很遥远。有些公司成功地将聚酯转化为其核心组分，并再次转化为纱线。然而知名品牌公司这样做仅是为了他们所秉持的原则，而不是为了追求利润。他们还提到这一过程仍然需要投入高品质原材料，这也是材料合成过程中与成本相关的另一个重要问题。

谈及可持续生产，了解消费者对循环再利用产品的接受程度也很重要。最近的研究表明，消费者愿意购买可回收的纺织品，并且纺织品制造商也愿意使用回收纤维（Grasso，1996）。除此之外，对回收再生材料表现出喜爱倾向的大部分消费者多是年轻人和在校大学生（Mahajan et al.，1991）。Grasso 最近报道称，美国纺织制造商正在回收或再生国内可再加工的纤维、纱线和织物。此外如果再生纤维在经济上可行，纺织制造商会更倾向使用再生纺织材料。麦肯锡公司发布的一份报告列出了纺织制造商和消费者的几个行动步骤。他们提到以下几点预防措施，可以使快时尚更具可持续性（Cheeseman，2016）。

（1）制订指南和标准来设计可有效重复使用或回收的服装材料。

（2）投资开发新纤维，降低纺织行业对生态的影响。

（3）鼓励顾客以延长使用时间的方式来保养衣服，例如用冰水清洗。

2.12　结论

成衣行业的发展、人均成衣消费的增长以及快时尚潮流对服装行业的可持续性问题起着至关重要的作用。少数发达国家和制造业品牌商已经采取措施实现可持续生产。但除非消费者理解可持续产品的必要性，否则所有的努力都是徒劳。重复使用和回收利用是减小环境影响的较优选择。但消费者对回收产品或二手材料的接受度仍处于滞后状态。如前文所述，由于技术问题和成本因素，服装产业的闭环回收技术距离实际应用还有至少十年的时间。回收产品的第二个重要问题是品质低劣。当前研究中也概述了再生织物的质量问题。在这项研究中，研究人员开发了比普通服装价格更低的服装，然而该织物在力学性能和舒适性方面远低于普通环锭纺原棉织物。本章分析了再生织物在尺寸稳定性、顶破、耐摩擦、抗起球和扭曲度等方面的性能，结果表明再生织物的这些性能都远低于环锭纺织物。这项研究的主要目的是将废弃织物转化为可回收产品，从而降低废物管理费用。即使廉价，产品也会给行业带来一定的利润，因为废弃物处理也是需要费用的。产品在市场上的接受度掌握在消费者手中，因此目前情况下，消费者对可持续性的看法更为重要。

参考文献

Afroz N, Alam AKMM, Mehedi H (2012) Analysis on the important factors influencing spirality of weft knitted fabrics. Inst Eng Technol (IET) 2(2):8-14.

Alston PV（1992）Effect of spinning system on pill resistance of polyester/cotton knit fabrics. Text Res J 62(2):105-108.

Annual Report 2016 - 17（2017）Ministry of textile, Government of India. http://texmin. nic. in/sites/default/files/ar_16_17_ENG. pdf. Accessed on Sept 2017.

Apparel export promotion council-Annual report 2016-17（2017）page 5-7. http://aepcindia. com/news/all-india-rmg-exports. Accessed on Sept 2017.

Braungart M, McDonough W（2002）Cradle to cradle: remaking the way we make things. North Point Press, NY.

Burnip M S, Saha M N（1973）The dimensional properties of knitted cotton fabrics made from open-end spun yarn. J Text Inst 64:153-169.

Can Y（2008）Pilling performance and abrasion characteristics of plain-weave fabrics made from open—end and ring spun yarns. Fibres & Textiles in Eastern Europe 16(1(66)):81-84.

Candan C, Nergis U B, Iridag Y（2000）Performance of open-end and ring spun yarns in weft knitted fabrics. Text Res J 70(2):177-181.

Carr H, Latham B（1994）The technology of clothing manufacture, 2nd edn. Blackwell Scientific, Oxford.

Cheeseman G - M（2016）The high environmental cost of fast fashion. http://www. triplepundit. com/2016/12/high - environmental - cost - fast - fashion/. Accessed on Sept 2017.

Chhabra E（2016）India: two entrepreneurs turn waste into a business. http://pulitzercenter. org/reporting/india-two-entrepreneurs-turn-waste-business. Accessed on Sept 2017.

Dwyer J（2016）A clothing clearance where more than just the prices have been slashed. http://www. nytimes. com/2010/01/06/nyregion/06about. html? mcubz = 0. Accessed on Sept 2017.

Erdumlu1 N, Ozipek B（2009）Investigation of vortex spun yarn properties in comparison with conventional ring and open-end rotor spun yarns. Text Res J 79(7):585-595.

Erdumlu1 N, Ozipek B, Oztuna S, Cetinkaya S（2009）Investigation of vortex spun yarn properties in comparison with conventional ring and open-end rotor spun yarns. Text Res J 79(7):585-595.

Ertugrul S, Ucar N(2000）Predicting bursting strength of cotton plain knitted fabrics using intelligent techniques. Text Res J 70(10):1-4.

Fabric usage and various fabric losses in cutting room, processing, dyeing & finishing, features. http://www. indiantextilejournal. com/articles/FAdetails. asp? id = 1307. Accessed on Sept 2017.

Fast fashion quick to cause environmental havoc. http://www. uq. edu. au/sustainability/fast-fashionquick-to-cause-environmental-havoc-143174 (2016).

Fletcher K (2008) Sustainable fashion and textiles: design journeys. Earthscan, Oxford.

Grasso MM (1996) Recycling fabric waste—the challenge industry. J Text Inst 87(1):21-30.

Hassan NAE (2013) An investigation about spirality angle of cotton single jersey knitted fabrics made from conventional ring and compact spun yarn. J Am Sci 9(11):402-416.

Hossain M Md. , Jalil MA, Saha J, Mia M Md. , Rahman M Md. (2012) Impact of various yarn of different fiber composition on the dimensional properties of different structure of weft knitted fabric. Int J Text Fashion Technol (IJTFT) 2(1):34-44.

http://www. wisegeek. com/what-is-upcycling. htm. Accessed on Sept 2017.

https://www. evrnu. com/technology/. Accessed on Sept 2017.

http://fabscrap. org/charlotte-index. Accessed on Sept 2017.

http://zerowastedaniel. com/. Accessed on Sept 2017.

https://tonle. com/pages/zero-waste. Accessed on Sept 2017.

http://www. trmtab. com/about/#about-upcycling. Accessed on Sept 2017.

http://bkaccelerator. com/interview-positive-impact-awards-jill-dumain-director-of-sustainable-strategy-patagonia/. Accessed on Sept 2017.

http://purewastetextiles. com/. Accessed on Sept 2017.

https://about. nike. com/pages/environmental-impact. Accessed on Sept 2017.

http://www. ciromero. de/fileadmin/media/informierenthemen/gruene_mode/Jungmichel. _Sustain. pdf. Accessed on Sept 2017.

http://www. ecotecproject. com/english. html. Accessed on Sept 2017.

https://wayfaringyarns. com/2015/11/01/trace-your-yarn/. Accessed on Sept 2017.

Jake Hall (2016) What is fast-fashion actually doing about sustainability? http://www. refinery29. com/2017/06/159074/fast-fashion-hm-transparent-sustainability. Accessed on Sept 2017.

Joy A, Jr Sherry J F, Venkatesh A,Wang J, Chan R (2012) Fast fashion, sustainability, and the ethical appeal of luxury brands. Fashion Theory 16(3):273-296.

Kunz G I, Glock R E (2005) Apparel manufacturing: sewn product analysis. Prentice Hall, India.

Lejeune T (2016) Fast fashion: can it be sustainable? http://source. ethicalfashionforum. com/article/fast-fashion-can-it-be-sustainable. Accessed on Sept 2017.

Liz B, Gaynor L (2006) Fast fashion. Emerald Group Publishing, Ltd.

Lord PR, Mohamed MH, Ajgaonkar DB (1974) The performance of open-end, twistless, and ring yarns in weft knitted fabrics. Text Res J 44(6):405-414.

Mahajan F, Grasso M M (1991) Unpublished research project. University of Texas at Austin.

McInerney S (2009). Swap till your fashion footprint drops. http://www. smh. com. au/lifestyle/shopping/swap-till-your-fashion-footprint-drops-20090709-ddx7. html. Accessed on 18 Sep 2017.

Mezarciöz S M, Oğulata R T (2011) The use of the Taguchi design of experiment method in optimizing spirality angle of single jersey fabrics. Text Apparel 4:374-380.

Ministry of Textiles (2017) Department of industrial policy and promotion. Press Information Bureau, Union Budget 2017-18. https://www. ibef. org/industry/textiles. aspx. Accessed on Sept 2017.

Modi D (2013) Upcycling fabric waste in design studio. Thesis submitted to National Institute of Fashion Technology, Mumbai. http://14. 139. 111. 26/jspui/bitstream/1/71/1/upcycling%20fabric%20waste%20in%20design%20studio. pdf. Accessed on Sept 2017.

Modi K (2016) Indian apparel sector: government policies drive the growth. www. careratings. com. Accessed on Sept 2017.

Nihat Çel K, Çoruh E (2008) Investigation of performance and structural properties of single jersey fabrics made from open-end rotor spun yarns. TEKST KONFEK 4:268-277.

Onal L, Candan C (2003) Contribution of fabric characteristics and laundering to shrinkage of weft knitted fabrics text. Res J 73(3):187-191.

Puranik P, Jain S (2017) Garmentmarker planning—a review. Int J AdvRes Educ Technol (IJARET) 4(2):30-33.

Rahman M, Haque M(2016) Investigation of fabric wastages in knit t-shirt manufacturing industry in Bangladesh. Int J Res Eng Technol 05(10):212-215.

Remy N, Speelman E, Swartz S. Style that's sustainable: a new fast-fashion formula. http://www. mckinsey. com/business-functions/sustainability-and-resource-productivity/our-insights/stylethats-sustainable-a-new-fast-fashion-formula. Accessed on Sept 2017.

Sakthivel S, Ramachandran T, Vignesh R, Chandhanu R, Padma Priya J, Vadivel P (2012) Source & effective utilisation of textile waste in Tirupur. Indian Text J http://www. indiantextilejournal. com/articles/FAdetails. asp? id=4236. Accessed on Sept 2017.

Savelle B P (1999) Physical testing of textile. Woodhead publishing, Cambridge, England.

Sharma I C, Mukhopadhyay D, Agarwal BR (1986) Feasibility of single jersey fabric from open-end spun blended yarn text. Res J 56(4):249-253.

Shekhar (2017) Indian textile and garment industry. https://www. linkedin. com/pulse/indian-textilegarment-industry-2017-exporter-manufacturer. Accessed on Sept 2017.

Skov L (2002) Hong Kong fashion designers as cultural intermediaries: out of global garment production. Cult Stud 16(4):553-569.

Solinger J (1988) Apparel manufacturing handbook-analysis, principles and practice. Columbia Boblin Media Corp.

Solomon M, Rabolt N (2004) Consumer behaviour in fashion. Prentice-Hall, Englewood Cliffs, NJ.

Sull D,Turconi S (2008) Fast fashion lessons. Bus Strategy Rev Summer 5-11.

Tanvir S I, Mahmood T (2014) Solidwaste for knit fabric: quantification and ratio analysis. J Environ Earth Sci 4(12):68-80.

Textile Tuesday: ReRoll by Daniel Silverstein. http://bkaccelerator. com/engagesingle/textile-tuesday/. Accessed on Sept 2017.

Tokatli N, Kizilgun O (2009) From manufacturing garments for ready to wear to designing collections:evidence from Turkey. Environ Plann 41:146-162.

Wicker A (2016) Fast fashion is creating an environmental crisis. Newsweek, US Edition,Tech & science. http://www. newsweek. com/2016/09/09/old - clothes - fashion - waste - crisis - 494824. html. Accessed on Sept 2017.

第3章 牛仔裁剪废弃织物的回收和再利用

Shanthi Radhakrishnan 和 V. A. Senthil Kumar

摘要：牛仔布用途广泛，现逐渐在商务会议和某些正式场合也得到社会的接受和认可，牛仔裤被认为是零售市场上最畅销的"底层"。欧睿公司服饰和鞋类分析师 Bernadette Kissane 指出牛仔裤的全球复合年增长率（CAGR）到 2020 年达到 3%。牛仔裤的生产涉及裁剪和缝制，牛仔面料可以是棉织物、涤棉混纺织物或棉和氨纶混纺织物。在服装生产中，用布率的范围在 90%~95% 之间，高用布率会导致低损耗以增大利润空间。不管用布率如何，裁剪下来的面料通常在市场上出售，用于擦拭尘土和机器。当今世界正朝着零废弃和可持续生产的方向发展，供应链上的所有成员都有义务对自己的商业方案和资源消耗负责。该政策是将废弃织物用作二次原料纳入正常产品，从而避免浪费。为了帮助服装行业实现零废弃，本研究通过将服装行业中的牛仔裁剪，与其他原材料一起转化为纱线和织物循环再利用。经过多次努力，利用机械方法将棉纤维从牛仔裁剪中提取出来，然后与原棉混纺，生产不同混纺比的再生棉纱。由于纤维已染色，染色工艺被省略，用再生的混纺棉纱作为纬纱，用 100% 纯棉白纱作为经纱来织制牛仔织物。对织物进行物理、机械和舒适性测试，以推荐合适的织物作为服装生产的原材料。因此这种回收牛仔布裁剪废弃织物的方法在服装制造业中是可持续并且有效的。

关键词：牛仔布裁剪废弃织物；回收利用；可持续生产

3.1 材料效率和废弃物管理在工业生产中的重要性

推进可持续发展战略是促进社会进步的重要手段。制造企业致力于减少原材料的使用、原料总利用率、生产中产生最少废弃物和更好地对废旧织物进行分类以便于再加工。这些策略可以是长期的，也可以是短期的，重点关注材料效率和废弃物管理的解决方案。这里列举其中的几种：清洁生产、废弃物最少化、生态设计、最佳实践方法、闭环回收、产品和环境管理、生态制图、废弃物管理、物流成本核算和资源效率。

3.1.1 清洁生产

清洁生产是一项在产品、过程和服务过程中都要考虑环境问题的持续战略。该战略可以有三个主要途径：即从源头上减少资源消耗和浪费；再次利用和回收；产品改造。从源头上减少浪费需要强制的行政干预（主要是水和能源的损失），过程控制（包括检查压力、时间、温度和 pH），材料替代（如使用水溶性 PVA 代替淀粉上浆；使用等离子体处理代替氯化作用进行防缩整理）（Toprak，2017）和设备改造（可通过设置发动机转速来优化工艺）。

重复使用和循环利用是以一种生产和经济上可行的方式对废弃物进行利用。美国线业有限公司（A&E）通过高效的回收计划，每个月回收 9071.85kg（20000 磅）的废弃线，防止其进入垃圾填埋场。瓦尔德曼纱线有限公司（Vardhman Yarns and Thread Limited）与美国 A&E 联合投资的零液体排放 ETP 项目使用了染坊 93%的水，而其余 7%的水可通过空气、机械和太阳能蒸发设备蒸发而被再利用（Vardhman，2012；Leonas，2017）。

制造一种产品的所有工序都有可能产生污染。清洁生产的基本要求之一就是减少污染，这就可能需要改变产品的规格和功能。产品的改变可能包括减少产品的重量或厚度，改变包装和优化用来保护产品的最低包装要求，这些都是可以让产品进行回收或再利用的一些方法（Toprak，2017）。半成品的设计理念是产品改造的一个例子。通过提供适用于快速拆卸和重新组装的产品组件，增强了消费者的创造力。服装的模块化结构允许消费者混搭或升级某些部分或环节，形成全新的搭配风格。此外，弄脏的部分还可以分别拆卸、去除和清洗（Papanek，1995；Faud-lake，2009；Niinimaki et al.，2011；Fletcher，2008）。

3.1.2 废弃物最少化

关于废弃物最少化，已有少量的案例研究。由美国环境保护局（US EPA）制订了废物最小化流程并在一个匹染加工厂进行测试，评估生产过程中质量平衡和能量平衡，分析和评估了蒸汽分配、蒸汽利用和冷凝水系统，并提出了废物最小化方案。该方案实施后减少了废水（减少 21%）、染料消耗（减少 24%）、纺织助剂和化学品损耗（减少 14%）、蒸汽使用量（减少 25%）以及废气和温室气体的排放，该方案的投资回收期少于一年（Moore et al.，2004）。一项关于纺织行业退浆参数的优化研究（退浆剂与织物的配比为 20g/g，温度 80℃，时间 7s）可以减少 89% 的上浆剂；通过漂洗水、化学物质和能源的有效利用降低了成本，减少了废水的产生；生产能力也从 30m/min 增加到 34.4m/min（Tanapongpipat et al.，2008）。德国拥有最好的纺织品回收能力，他们与 10 个合作伙伴合作开发用于特定用途的创新产品，如隔声材料、用于制服的再生涤纶织物以及用再生纤维制备的重型帆布材料（Ahmad et al.，2008）。

3.1.3　生态设计

生态设计是指产品在生产、使用过程中和使用后，仍能关注环境、健康和安全问题。当环境问题比较突出时，产品就会从功能性、可靠性、强度和可修复性方面进行质量的提高。DfE 是一个常用术语，作为"回收设计"或"拆卸设计"的代名词。生态设计方面的专家应该具有设计经典、经久耐用、可修复、可重复使用、可拆卸和可循环利用产品的才能。生态设计还要求对现有的生产流程进行优化，找到原材料和生产流程的替代方案，并形成新的产品概念（Crul et al.，2006）。芬兰 EVTEK 艺术设计学院在 2000~2003 年天然染料产品开发项目中开展了客户对生态产品兴趣的研究。研究发现，现在一小部分消费者关注生态设计和生态纺织品，而这些产品通常价格昂贵。虽然消费者一般会留意"绿色"标签，但价格、质量和外观等因素在决定是否购买产品时起着重要作用（Niinimaki，2006）。

3.1.4　最佳实践方法

工业中所使用的是最佳实践方法，其目标是最大限度地减少浪费和有效利用材料。这些实践方法是从废物最少化的通用方案中挑选出来的，以适应上述行业或组织的需要和要求。通常这些方案可以分为两类：一类是废物最少化的通用方案，建议减少可用资源的使用；另一类方案是根据每道纺织工序列出的。行业报告和指南可以让行业选择废物最少化和材料效率的最佳实践方案。例如，美国环境保护局发布的纺织工业污染防治最佳管理实践（EPA，1996），英国贸易工业部和环境部共同完成的环境技术最佳实践方案——纺织工作手册（ETBPP，1999），联合国环境规划署发布的工业与环境（UNEP，1996），丹麦环境保护组织发布的将清洁技术转移到波兰纺织工业（Wenzel et al.，1999）。许多案例中也强调工业生产过程中所选材料的效率，这些材料应该可以作为传统原材料或辅料的备选或替代品。在漂白过程中使用过氧化氢酶配方代替传统还原剂（丹麦 Skjern Tricotage-Farveri 纺织厂），通过化学替代法（氯化钠）减少废水中的硫酸盐（智利 Quimicay textiles Proquindus SACI 公司），用水溶性淀粉和 PVA 替代淀粉上浆以减少废水中的化学耗氧量（COD）（埃及 Misr 纺织公司），在精练工序用阴离子/非离子去污剂代替肥皂洗涤以降低废水的 COD（苏格兰后整理公司）（Barclay et al.，2000）。这些案例研究都重点关注选择工业过程中所使用的适当原材料。

3.1.5 闭环回收

在闭环系统中，组成产品的部件在其功能寿命结束时，应被分解并成为重新组合成新产品的一个部分或整体。2016 年，Circle Economy 公司与 Recover、ReBlend、G-Star RAW、ReShare 和 Wieland textiles 等公司合作大胆尝试高值回收。从这些合资企业获得的关键经验表明，在原棉牛仔面料中仅添加 12%的回收成分就会使新的牛仔回收布产生 12.5%的溢价；7t 消费后的服装转变为 6t 纯回收纱线，减少 62%的用水量，33%的能源消耗，18%的温室气体排放；几吨旧荷兰海军和陆军制服被用来生产回收纱线，用于生产毛毯（Circle Economy，2017）。

3.1.6 产品和环境管理

交替使用产品管理和生产者责任延伸来体现民众或个人对废物管理的责任。在产品生命周期的所有阶段，从产品创建、使用到寿命终结涉及的所有人员都必须承担保护环境的责任，避免环境受到不良影响。主要责任在生产者，其次是零售商和消费者。产品废弃物的收集、运输和管理责任已从政府转移到公民身上，因此公民在制造废弃物方面起主要作用。2016 年，澳大利亚邮政由于在包装管理方面的杰出贡献，斩获了 APC 奖，他们在许多产品的回收方面发挥了关键作用。其中包括：APC 的交叉产业咖啡杯回收，与 Planet Ark 和 Mobile Muster 合作开展的废弃墨盒和手机的收集，通过澳大利亚电池回收计划收集硬币电池，与 Terracycle 携手回收咖啡胶囊、牙刷和清洁用品以及参与澳大利亚轮胎管理局的工作（APCO，2017）。材料的选择和产品的设计在影响环境方面发挥主要作用。

3.1.7　生态制图

生态制图是环境管理系统中的一个预备步骤。它通过多层图形信息，将行业规划中环境热点问题进行可视化表示。环境团队能够很好地理解环境问题、原料流转和利用、工人的意见和工作流程来规划未来的需求。环境管理系统（EMS）（ISO 14001—14009）帮助行业关注环境标准，保障世界清洁、健康和安全。印度北部的阿尔卑斯工业有限公司实施了 EMS 系统 ISO 14001 并实现了收益。他们将靛蓝染色的染液再额外循环使用 10 次，实现了每千克 2.00 卢比的成本效益并减少了污染负荷；通过加湿和喷水来减少空气污染；使用布边废弃物作为装饰物；回收纺纱和织造废弃织物用于纱线开发（APCO，2017；Joshi，2001）。

3.1.8　废弃物管理

欧盟的废弃物等级表明，预防废弃物的产生是废弃物管理最重要的一步。目前，原材料的采购和废弃物的处理不仅昂贵而且回收是需要时间的。EcoGear 公司将回收 PET 瓶做成的再生聚酯和服装裁剪废弃物得到的纤维结合起来；将摩托车和自行车轮胎制成再生橡胶并用于时尚服装的生产；土耳其将再生聚丙烯、蚕丝和棉的废弃物制成复合材料；北卡罗来纳州立大学和伯灵顿工业公司合作用 50% 再生牛仔纱线生产再生牛仔布；美国 Esleeck 公司已经将棉破布用于生产蓝牛仔债券纸并用于书写法律文件或其他正式文件（Bhatia et al.，2014；Tasdemır et al.，2007；Blakburn，2015；Crighton，1993）。

3.1.9　物流流动成本核算和资源效率

物流成本核算（MFCA）有助于一个组织来追踪在材料、能源损耗和排放等所有过程中产生的废弃物。专门从事内衣研究的日本 GUNZE 有限公司开展了一项从织物织造到成衣过程的物料流动成本核算。工艺过程中使用的全部材料都涵盖在 MFCA 的计算范围内，物料损失根据体积和成本进行跟踪和估计。物流成本矩阵显示，材料成本占 45.1%，能源成本占 2.9%，系统成本占 51.4%，废物管理占 0.6%（Schmidt et al.，2013）。MFCA 分析强调，在产品开发和设计阶段建立新材料使用的适当标准是非常必要的。服装行业对新材料的不断使用和千变万化的时尚潮流是显而易见的，而这一分析工具非常有助于提高服装行业的资源效率。

3.2　牛仔裁剪废弃织物回收再利用的案例研究

从上述内容可以了解材料的利用率是产品研发中最重要的因素之一，其次是原材料转化为成品所采用的系统。制造商的职责不仅停留在产品的生产上，还包括对产品的使用和寿命终止进行管理。为了实现所设计产品满足可持续的最终目标，所使用的功能性原材料必须使用回收或再生材料，或者将回收或再生材料作为第二原料。为了说明使用回收原料的重要性，本文开展了一项案例研究，在该案例中，Ms. KG 牛仔公司的牛仔裁剪废弃织物被回收并制成纱线。这些再生蓝色纱线作为纬纱，用原白棉纱作为经纱，采用平纹组织织造成织物，开发的面料类似于牛仔布，但重量和厚度较轻，适用于儿童服装产品（裙子）。

3.2.1　研究目标

（1）收集牛仔裁剪废弃织物；

（2）从收集的原料中提取纤维；

（3）将再生纤维转化成纱线和织物；

（4）利用回收纱线开发面料并进行产品开发。

3.2.2　研究所用材料

纺织废弃物可以分为消费前废弃物和消费后废弃物。在生产过程中产生的废弃物以及到达消费者之前成为废弃物的材料都属于消费前废物（Leonas，2017；Lau，2015；Fiber2fashion，2017；Well made Clothes，2017；Hickman，2010）。在服装生产中，基本原则是零废弃（Parellax Limited，2017；Jenkin，2015；Claudio，2007；Nayak et al.，2013），然而在排料过程中一小部分损失是不可避免的，才能使刀具或激光能够在排料区域内移动并切割织物。其次，排料损耗发生在排料过程中服装样片之间的间隙或不可用区域等。铺布裁剪时还会发生其他损耗，包括铺布两端损耗、布边损耗、拼接损耗、剩余损耗和标签标记损耗，这些损耗占 0.5%~5%

（ITJ，2008）。裁剪工序产生的废弃织物可以经循环利用后用来生产新产品或中间产品。本研究所使用的原材料是来自牛仔布制造公司裁剪工序所产生的消费前裁剪废弃织物（牛仔布）。

任何回收材料在转化为原材料或中间材料进入生产之前，都必须经过一个回收过程，这一过程可能是热作用、化学作用或者机械作用（Wang，2010；Al-Salem et al.，2009；Hawley，2006）。这些回收过程降低了回收材料的强度，因此通常将回收材料与其他原始材料混合使用来补偿这种损失（Necef et al.，2013；Jankauskaite et al.，2008；Rowe，2000）。将原棉与再生纤维混纺能生产适用于服装的强力纱。原棉和再生棉纤维的性能见表 3.1。

表 3.1　研究中使用的原棉纤维和再生棉纤维的性能

参数	强度/（g/tex）	伸长率/%	长度/mm	细度/（μL/30.48cm）
原始棉纤维	34	6.3	26	3.2
再生棉纤维	28.25	6	20	3.6

3.2.3　研究方法

本研究的实验设计方案如图 3.1 所示。

3.2.3.1　废弃织物的回收

服装生产中裁剪工序的废弃织物是由于色差匹配不当和低效的排料规划。本研究中的牛仔裁剪废弃织物是来自 KG 牛仔有限公司，该公司主要生产 Trigger 品牌牛仔布（Denim，2017）。

3.2.3.2　开松（纤维的机械提取）

牛仔裁剪废弃织物经硬废弃织物开松机的机械作用转化为纤维。原材料经第一开松机的木制传送带人工喂入，然后自动传送到尖刺辊的底部。尖刺辊的主要作用是将牛仔裁剪废弃织物开松成纤维形式。通过控制喂入辊和尖刺辊的速度，可得到最大的纤维长度。尖刺辊直径为 66.04cm（26 英寸），喂入辊直径为 22.86cm（9 英寸）。图 3.2 和图 3.3 分别为本研究所使用的牛仔裁剪废弃织物和硬废弃织物开松机的照片。图 3.4 为开松后输出的再生纤维照片。将牛仔废弃织物开松成纤维的流程如图 3.5 所示。

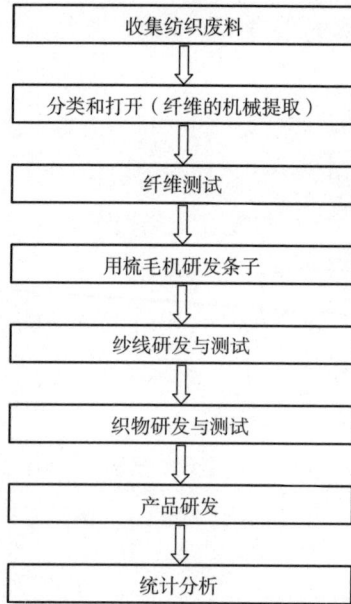

图 3.1 研究的实验设计方案

图 3.2 牛仔废弃织物裁切　　图 3.3 硬废料开松机　　图 3.4 开松后的再生纤维

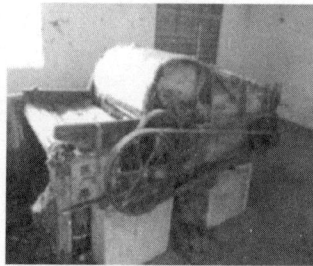

3.2.3.3 再生纤维测试

对从牛仔废弃织物中得到的纤维进行表征。用斯坦洛氏束纤维强力测试仪（Stelometer）测试纤维的强度和伸长（ASTM D1445），用包式纤维长度分析器测试纤维的长度（ASTM D1447），数字纤维细度测试仪测试纤维的细度（ASTM D1448），并对纤维组分和阻燃性进行了测试。表 3.1 给出纤维强度、伸长率、长度和细度的测试结果。

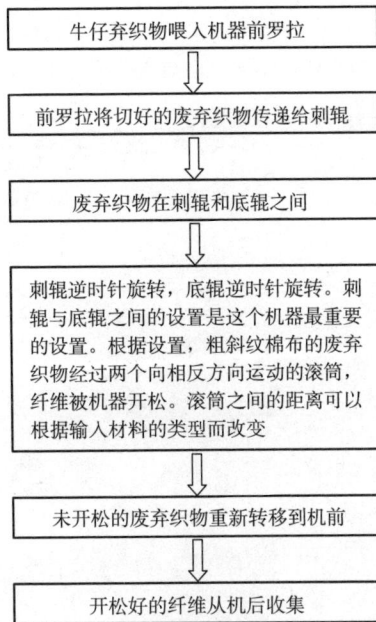

图 3.5　牛仔废弃织物开松成纤维的流程图

由于功能和耐久性的原因，牛仔布可能由多种纤维组成。氨纶有助于增强牛仔布的强度和弹力。为了确定是否存在氨纶，需要开展针对氨纶的化学测试。氨纶可溶于二甲基甲酰胺，而棉纤维不溶。将 $100g$（w_1）的牛仔布纤维加入 $30mL$ 浓度为 100% 的二甲基甲酰胺中。水浴加热到 $90℃$，并在热水中保持 $10min$。$10min$ 后，将纤维从溶液中提取出来并在烤箱中保存 $30min$。待纤维充分干燥后，称取纤维的重量（w_2）。这两个重量的差值就是氨纶的重量。

$$氨纶的重量 = w_1 - w_2$$

随机抽取 10 个样本进行测试。如果平均值显示重量没有变化，则说明样本中没有氨纶。

为了确定棉纤维的存在，对样本进行验证性燃烧试验。将牛仔废弃织物中的经纱和纬纱暴露于火焰中。它迅速燃烧着黄色的火焰，当纱线从火焰中移除时，它以小火焰持续燃烧。燃烧气味就像燃烧纸，有灰色的烟和灰色的灰。随机抽取 10 个样本进行测试，测试过程中没有出现熔融和熔珠，因此测试结果也证实了不存在聚酯。

3.2.3.4 粗梳成条

从牛仔裁剪废弃织物中得到的再生纤维被送到 Trytex 型梳棉机形成粗条，如图 3.6 所示。梳棉机罗拉速度设置见表 3.2。

图 3.6 粗梳棉网成条过程

表 3.2 梳理机罗拉速度参数设置　　　　　　　单位：r/min

参数设置	数值
喂入辊速度	0.533
锡林速度	692
道夫速度（棉卷）	3.4
道夫速度（棉条）	3.8

纤维在梳棉罗拉表面之间的转移机制，能够解释在成网过程、机器设计和过程控制优化以及成条过程中的一般纤维动力学（Ichim et al.，2016；Sharma et al.，2017）。

在这项研究中，开发了以下四种纱线：

（1）100% 再生棉纤维（100 RCYa）；

（2）再生棉纤维：原棉纤维 = 80：20（80/20RCYb）；

（3）再生棉纤维：原棉纤维 = 60：40（60/40 RCYc）；

（4）再生棉纤维：原棉纤维＝40∶60（40/60 RCYd）。

在手工梳理过程中，按重量保持纤维的混纺比并进行混合。

3.2.3.5　纱线开发和测试

纱线开发选用自由端纺纱。在自由端纺纱中，棉条首先通过分梳辊被打散成单根纤维，然后利用空气输送纤维。在预定位置上速度的改变使一部分纤维落到纱线截面并缠绕在已有的纱线头端上，形成连续纱线后卷绕到旋转的筒子上（NPTEL，2013；Barella et al.，1973；Abou-Nassif，2014；Yu，1999；Textile School，2017），如图 3.7 所示。本方法适用于原料纤维长度较短，成纱较粗的情况（Bagwan et al.，2016；Online Textile Academy，2017）。

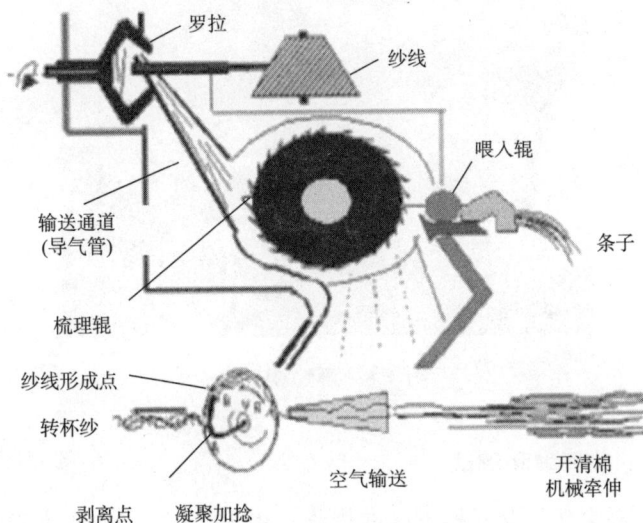

图 3.7　自由端纺纱工作原理

采用 Trytex 型自由端纺纱机，以回收的牛仔布纤维为原料，纺制 29.16tex（20英支）自由端（OE）纱。所有开发的纱线样品所使用的转杯直径为 41 mm，转杯转速保持在 30000r/min，每英寸扣数（螺距数）为 30。表 3.3 给出自由端纺纱机的参数设置，图 3.8 为所开发的再生 OE 纱。

纱线测试：测试了所开发纱线的纱线支数（ASTM D 3375）、单丝强度和伸长（ASTM D1578）、绞纱强力（ASTM D1578）、纱线均匀度和纱线外观（ASTM D2255）。

表 3.3　自由端纺纱机的参数设置

纱线线密度	29.16tex（20 英支）
绞纱喂入	0.25
捻向	Z
开辊转速/（r/min）	30000
纱线长度/m	5000

图 3.8　再生 OE 纱

3.2.3.6　织物开发和测试

用纯棉纱和再生纱开发五种不同的织物，用 100% 纯棉纱作为经纱，用再生纱作为纬纱。使用动力织机生产的织物如下所示：

（1）经纱：100% 原棉 OE 纱；纬纱：100% 再生 OE 纱（RCFa）；

（2）经纱：100% 原棉 OE 纱；纬纱：80/20 再生 OE 纱（RCFb）；

（3）经纱：100% 原棉 OE 纱；纬纱：60/40 再生 OE 纱（RCFc）；

（4）经纱：100% 原棉 OE 纱；纬纱：40/60 再生 OE 纱（RCFd）；

（5）经纱：100% 原棉 OE 纱；纬纱：100% 原棉 OE 纱（VCF）。

对开发的织物进行如下测试：

（1）物理测试。纬密、经密（ASTM D 3775）、织物重量（ASTM D3776）、织物厚度（ASTM D 1777）。

（2）力学性能测试。拉伸强度和延伸率（ASTM D 5034）、刚度试验（ASTM D 1388）、织物抗皱性（ASTM D 1296）、织物耐磨性（ASTM D 4966）、织物悬垂性（ASTM D 3691）、抗起球性能（ASTM D 3512）。

（3）舒适性试验。透气性试验（ASTM D 737）、芯吸试验（ASTM D2692）、热导率试验（ASTM D 6343）、透湿性试验（ASTM standard E 96）、喷淋试验、下沉试验、色牢度、抗菌测试（AATCC 100）。

3.2.3.7　服装产品开发

将开发的面料制成 A 形裙，分别穿在假人和模特身上以评价其外观和舒适度。裙子的尺寸见表 3.4 和图 3.9。板型设计好之后，面料被裁剪成布片，然后缝制成裙子。

表 3.4　裙身尺寸

组数	测量点	测量尺寸	
		cm	英寸
1	全长	38	14.5
2	腰围	60	24
3	臀围	75	30
4	腰带宽度	2.54	1

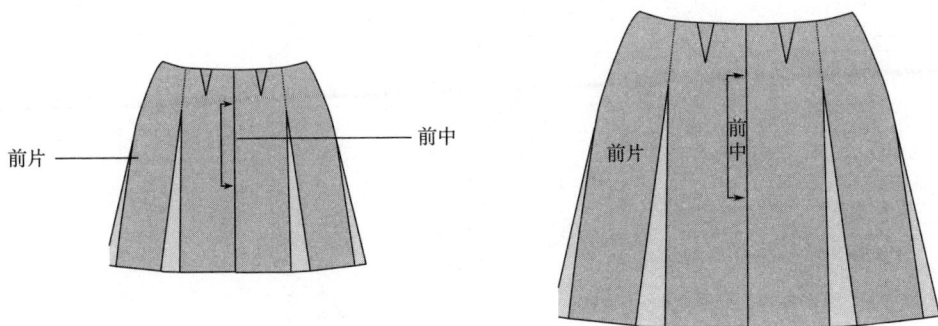

图 3.9　A 形裙（Talyq，2017）

3.2.4 统计分析

统计分析是指研究人员通过分析一组数据而得出结论。统计分析包括数据集中抽取样片，并对抽取样本进行收集和分析（Rouse，2017）。本研究记录了纤维、纱线和织物的每个性能测试数据。运用统计分析方法对四种实验织物和对照样片进行分析，采用平均值来表征织物性能。本研究采用推论统计法（方差分析）对数据进行分析，因为该方法是用来确定数据差异性的，而本研究的主要目的是确定对照组和实验组之间是否存在差异。对照组为原棉，实验组为再生棉。分析组内和组间的变量差异，P 值越小，F 值越大。显著性水平设置为1%和5%。方差分析（ANOVA）是一组统计模型，用于分析组内均值差异及其之间的差异（如组内和组间差异）（Lane，2017）。

3.2.5 结果和讨论

3.2.5.1 纱线测试

原棉纱和再生纱的测试结果见表3.5。以100%纯棉纱为对照样，比较再生纱和纯棉纱在各参数上的差异。

表3.5 原棉纱和原棉/再生棉混纺纱的性能比较（一）

组别	1		2		3	
对比项目	单纱强度/（kg/cm²）	与对照组对比/%	伸长率/%	与对照组对比/%	绞纱强度/磅	与对照组对比/%
对照组 100 棉纱	336.2	—	13.06	—	63	—
100RCYa	300.9	−10.5	10.2	−21.89	59	−6.35
80/20RCYb	310.5	−7.64	11.03	−15.54	58	−7.94
60/40RCYc	325	−3.33	11.88	−9.04	60	−4.76
40/60RCYd	328.4	−2.32	11.2	−14.24	62	−1.59
F 值	15058.74[a]		19.31[a]		462.43[a]	

a 显著水平为5%。

从表 3.5 可以看出，所有再生纱线的强度（单纱和绞纱强度）和伸长率都比原棉纱线低。随着纱线中原棉纤维比例的增加，强力和伸长率逐渐提高，这表明原棉纤维的添加比例可以根据纱线用途而定。在没有添加原棉纤维的情况下，使用 100% 来自牛仔布裁剪废弃物的再生纤维制成的再生纱线强度和伸长率损失最大。这可能是因为在机械循环过程中，纤维被带齿或带刺的刺辊开松，导致纤维长度和强度较低。此外，这些纤维在经过牛仔布裁剪废弃织物的机械开松后还要进行第二次纺纱（Telli et al.，2017）。在所有三个测试中，单纱强力、伸长率和绞纱强力的 F 值较高，即 P 值低于 0.05，方差分析结果表明均值存在差异（Frost，2016）。

表 3.6 显示了再生棉纱与原棉纱的物理性能，包括细节、粗节、棉结和毛羽。这些结果用来表征从利用牛仔布废弃物中获得的再生棉纤维所生产纱线的质量。

表 3.6 原棉纱和原棉/再生棉混纺纱性能比较（二）

组别	1		2	
对比项目	细节/%	与对照组对比/%	粗节/%	与对照组对比/%
对照组 100 棉纱	33	—	75	—
100RCYa	397.5	1104.55	692.66	823.54
80/20RCYb	255	672.73	460	513.33
60/40RCYc	100	203.03	373	397.33
40/60RCYd	85	157.58	19.5	59.33
F 值	115.42[a]		462.12[a]	
组别	3		4	
对比项目	棉结/%	与对照组对比/%	毛羽/%	与对照组对比/%
对照组 100 棉纱	95	—	5.26	—
100RCYa	508	434.74	6.17	14.45
80/20RCYb	508	434.74	6.02	14.45
60/40RCYc	360	278.95	5.47	4
40/60RCYd	385	305.26	5.37	2.09
F 值	127.56[a]		404[a]	

a 显著水平为 5%。

表 3.6 表明，与 100% 原棉纱相比，再生纱的细节、粗节和棉结数量均有所增加。随着纱线中原棉纤维含量的增加，粗细节、棉结和毛羽逐渐减少。毛羽数量的增加表明再生纱的成纱质量有所恶化。回收过程的机械开松使得纤维长度较短。纺纱时纤维的长度太短会导致一些不规则，如细节、粗节和棉结，这些突起导致纱线的毛羽增加。此外，转杯转速和开口罗拉速度对纱线的细节、粗节、棉结和毛羽有显著的影响（Wanassi et al.，2015）。统计分析表明，各参数在 5% 显著性水平上有显著性差异。

3.2.5.2 织物测试

对开发的五种织物进行性能测试，包括支数、重量、厚度、经密（EPI）和纬密（PPI）。由于经密和纬密在织造过程中保持相等，因此所有样品差异不大。各样品的纱线支数差异很小，但重量和厚度的均值方差分析结果表明，在 0.05% 显著性水平上存在显著性差异。

表 3.7 表明，与原棉织物相比，再生纱线织物的重量和厚度更大。这可能是由于从服装行业牛仔废弃物中获得的纤维不规则。此外，纤维测试结果表明，再生纤维长度比原棉短，导致纱线上的突起和织物厚度的变化。构成纱线的纤维必须具有中等或良好品质，才能使纱线获得较好的质量。与环锭纺纱相比，自由端纺纱也会形成较粗的纱线。有报道称，自由端纺纱纱线具有较低的纤维堆积密度，使得纱线更为蓬松，这是因为自由端纺纱的原理是加捻纤维的集合体（Hearle et al.，2008）。随着原棉百分比的增加，织物的重量和厚度逐渐减小（Wanassi，2015；Sultan et al.，1974）。

表 3.7　100% 原棉织物和原棉/再生棉混纺织物的性能比较（三）

组别	1		2		3	
对比项目	纱线规格/英支	与对照组对比/%	织物克重/（g/m²）	与对照组对比/%	厚度/mm	与对照组对比/%
对照组 100VCF	20.01	—	157	—	0.56	—
100RCFa	20.09	0.39	182	15.92	0.62	10.67
80/20RCFb	20.03	0.09	167	6.37	0.6	6.76
60/40RCFc	20.03	0.09	159	1.27	0.57	1.78

续表

组别	1		2		3	
对比项目	纱线规格/ 英支	与对照组 对比/%	织物克重/ （g/m²）	与对照组 对比/%	厚度/ mm	与对照组 对比/%
40/60RCFd	20.02	0.04	163	3.82	0.57	1.78
F 值			2778.75[a]		6.91[a]	

组别	4		5	
对比项目	经密（EPI）	与对照组 对比/%	纬密（PPI）	与对照组 对比/%
对照组 100VCF	56	0	60	0
100RCFa	56	0	60	0
80/20RCFb	56	0	60	0
60/40RCFc	56	0	60	0
40/60RCFd	56	0	60	0
F 值				

注　PEI—ends per inch，每英寸经纱根数；
　　PPI—picks per inch，每英寸纬纱根数。
　　a 显著水平为 5%。

表 3.8 给出了织物的力学性能。与原棉对照样品相比，所有样品在经纬方向的弯曲长度都有所减小。由于再生纤维制成的试样体积增加了试样的重量和厚度，使试样的弯曲长度变小。试样的弯曲模量也有类似的趋势。与原棉对照样品相比，再生纤维样品的弯曲刚度有所增加，表明再生纤维织物更加坚硬。悬垂系数结果也证实了这一点。折皱回复率的测试结果表明，再生纤维织物的经向和纬向折皱回复率均有所提高，表明再生纤维织物折皱回复比原棉样品要慢。为了表征样品的色牢度，对样品进行了耐摩色牢度测试。通常牛仔布染色后会慢慢褪色，因此这一现象会在织物上持久存在。

表 3.9 中的数据表明，所有回收纤维样品的透气性有所下降，这是由于再生纱线比原棉纱要粗。再生纤维织物纱线间的孔隙比原棉织物小。纱线间孔隙的减小导致样品的透湿性和热传导降低，这是由于水和热量在织物内外运动速度降低。

表 3.8　100%原棉和原棉/再生棉混纺织物的性能比较（一）

组别	1				2	
对比项目	弯曲长度（经向）/cm	与对照组对比/%	弯曲长度（纬向）/cm	与对照组对比/%	挠曲刚度/（mg·cm）	与对照组对比/%
对照组 100VCF	2	—	2	—	44.64	—
100RCFa	1.7	−10	1.6	−20	60.58	35.7
80/20RCFb	1.85	−10	1.8	−12.5	76.01	70.27
60/40RCFc	1.9	−5	1.7	−6.25	78.81	18.3
40/60RCFd	2	0	1.7	−6.25	80.67	80.71
F 值	15.86[a]		14.37[a]		3724.19[a]	

组别	3		4		5	
对比项目	弯曲模量/（kg/cm²）	与对照组对比/%	织物悬垂性/%	与对照组对比/%	折痕回复角（经纱）/（°）	与对照组对比/%
对照组 100VCF	0.003	—	47.75	—	100	—
100RCFa	0.001	−63.33	39.03	−18.26	102	2
80/20RCFb	0.0015	−50	43.9	−8.06	102	2
60/40RCFc	0.0018	−63.33	46.8	−1.98	105	5
40/60RCFd	0.002	−67.33	47.03	−1.5	106	6
F 值	302.7		277.47[a]		6.11[a]	

a 显著性水平为 5%。

表 3.9　100%原棉和原棉/再生棉混纺织物的性能比较（二）

组别	1		2	
对比项目	透气性/[cc/（s/cm²）]	与对照组对比/%	透湿性/[g/（m²·天）]	与对照组对比/%
对照组 100VCF	191	—	8.54	—
100RCFa	185.68	−2.78	7.15	−16.31
80/20RCFb	188.15	−1.49	7.61	−10.9
60/40RCFc	190.47	−0.1	7.82	−8.42

续表

组别	1		2	
对比项目	透气性/ [cc/ (s/cm²)]	与对照组 对比/%	透湿性/ [g/ (m²·天)]	与对照组 对比/%
40/60RCFd	190. 2	−0. 42	8. 02	−6. 08
F 值	17.7[a]		1449. 27[a]	

组别	3		4	
对比项目	导热系数/ [W/ (m·K)]	与对照组 对比/%	耐摩擦色 牢度/级	与对照组 对比/%
对照组 100VCF	0. 04	—	3	—
100RCFa	0. 01	−61. 9	3	—
80/20RCFb	0. 019	−54. 28	3. 4	—
60/40RCFc	0. 02	−42. 38	4. 5	—
40/60RCFd	0. 039	−7. 14	4. 5	—
F 值	1167. 71[a]		4	

a 显著性水平为 5%。

表 3.10 反映了样品舒适性能的测试结果。结果表明 100%再生纤维织物的芯吸较慢，但随着原棉纤维百分比的增加，经纬向的芯吸性能更好。各样品的喷淋测试结果差异不大。在下沉试验中，所有回收纤维织物的下沉时间都比原棉织物要长。这可能是由于再生纤维织物样品的重量和厚度与原棉织物不同，沉到烧杯底部需要更多的时间。芯吸性和下沉试验的 F 值表明，在 5%显著性水平上样品之间存在显著差异。

表 3.10　100%原棉和原棉/再生棉混纺织物的性能比较（三）

组别	1			
对比项目	吸湿性（经纱）/ (s/cm)	与对照组 对比/%	吸湿性（纬纱）/ (s/cm)	与对照组 对比/%
对照组 100VCF	605	—	425	—

组别	1			
对比项目	吸湿性（经纱）/ (s/cm)	与对照组对比/%	吸湿性（纬纱）/ (s/cm)	与对照组对比/%
100RCFa	654	8.09	450	5.88
80/20RCFb	545	−9.91	420	−1.17
60/40RCFc	481	−20.49	405	−4.7
40/60RCFd	429	−29.09	397	−6.58
F 值	1077[a]		61.41[a]	
组别	2		3	
对比项目	喷雾等级测试	与对照组对比/%	下沉测试	与对照组对比/%
对照组 100VCF	50	—	12	—
100RCFa	50	0	16	33.33
80/20RCFb	50	0	15.25	27.08
60/40RCFc	50	0	14.5	20.83
40/60RCFd	50	0	14	16.66
F 值	—		75.37[a]	

a 显著性水平为 5%。

表 3.11 和图 3.10~图 3.12 显示由于抑菌圈几乎为零，因此没有细菌（Kaur，2012；Bhalodia et al.，2011；Reller，2009）。许多消费者可能会觉得用回收材料制成的服装上细菌更容易生长和繁殖，但是纱线经过织造加工的所有过程，其实结果并不像消费者所想象的那样。因为这是一项小规模研究，因此在所有阶段都非常小心，确保原材料的清洁并使其安全加工。此外，裁剪后的废弃织物在购买所在地的清洁环境中储存和销售，因此变质的可能性较小。有时织物废弃织物存放在不卫生的环境中，在这种情况下，在纤维、纱线和织物的开发过程中必须更加小心。试验表明，所开发的再生纤维织物抗菌性能与原棉织物相当。

表 3.11　100％再生纤维的抗菌测试结果

编号	样品		抗菌活性（抑制圈）/mm	
			大肠杆菌	金黄色葡萄球菌
1	对照样本	100％牛仔布 RC 样本	0	0
2		棉 100％面料	0	0

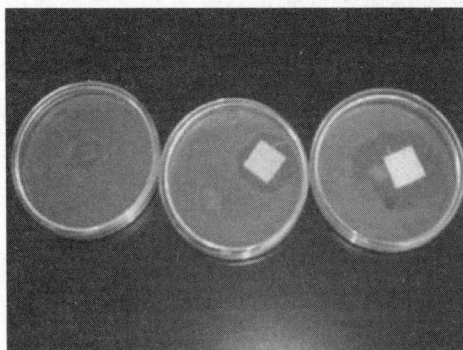

图 3.10　大肠杆菌和金黄色葡萄球菌在
100％原棉织物上的抑菌性能

图 3.11　大肠杆菌在 100％再生织物
上的抑菌性能

图 3.12　金黄色葡萄球菌在 100％再生织物上的抑菌试验

3.2.5.3　成本与节能分析

　　成本分析是对新产品开发成本的详细概述。新产品开发需要初始的货币投资来购买原材料。成本分析包括纤维提取、纱线开发、织物开发和退浆的成本。成本分析方法可以预测不同纤维配比下批量产品的开发成本。

节能分析或效益分析是比较新产品和商业产品在开支方面的节约情况。节能分析在再生产品开发中起着重要的作用。节能分析包括原材料、纱线织造成织物、染色和整理过程的成本。使用100%再生纱线比不同混纺比纱线的产品更能节约成本。

表3.12~表3.14和图3.13中给出成本与节能分析。再生棉的原材料成本包括牛仔原材料的成本和机械回收纤维的成本。当与纯棉纤维（80/20，60/40和40/60）混合时，原棉的成本也将计算在内。原始纤维成本是购买纤维时产生的商业成本，开发再生纱线的成本包括向承担样品纱线开发的KCT-TIFAC中心支付的纺纱费用。当进行大批量工业化纺纱时，纺纱的费用会减少。表3.12显示原材料采购、纤维的机械提取和纱线加工费用的卢比成本。为了方便起见，表格中的数值已换算为生产1000m织物所需的成本。生产1000m织物需要125kg纱线。

表3.12 原棉和原棉/再生棉混纺织物的原料和纱线开发成本 单位：卢比

编号	项目	100%棉	100% RC	RC/VC（80/20）	RC/VC（60/40）	RC/VC（40/60）
1	原材料牛仔布裁剪废弃织物（纯棉）	—	24	19+36＝55	14+72＝86	10+108＝118
2	纤维提取成本	—	40	32	23	17
	纤维总成本	180	64	87	109	135
3	每千克纱线开发成本	10	10	10	10	10
	每千克总计（商业成本：纤维+纱线）	190	74	97	119	145
	每千克总计（样品开发费）	5160	5054	5077	5099	5125
1000m 布料成本						
4	125kg纱线的成本（生产1000m织物）	23750	9250	12125	14875	18125
5	织造1000m织物的成本（按9卢比/m计）	9000	9000	9000	9000	9000
6	退浆成本	10	10	10	10	10
	生产1000m的织物总成本（4+5+6）	32760	18270	21135	23885	27135

续表

编号	项目	100%棉	100% RC	RC/VC（80/20）	RC/VC（60/40）	RC/VC（40/60）
	生产 1m 织物的总成本 [（4+5+6）/1000]	32.76	18.27	21.14	23.88	27.13

注　成本计算可能会发生变化，此估算是根据 2014~2015 财政年度的成本。

表 3.13　原棉和原棉/再生棉服装产品的原料和纱线开发成本

对比项目	1000m 织物的成本/卢比	与对照组对比/%	制作成本（按 20 卢比/条计）/卢比	与对照组对比/%	666 条裙子的成本/卢比	与对照组对比/%	每条裙子的成本/卢比
对照组 100 棉纱	32760	—	13320	—	46080	—	69.19
100RC	18270	-44.23	13320	0	31590	-31.45	47.43
RC/VC（80/20）	21135	-35.48	13320	0	34455	-25.23	51.73
RC/VC（60/40）	23885	-27.09	13320	0	37205	-19.26	55.86
RC/VC（40/60）	27135	-17.17	13320	0	40455	-12.21	60.74

注　1000m 织物可制作 666 条裙子。

表 3.14　原棉织物与再生棉织物的成本比较

序号	项目	备注	节约成本	1000m 织物实际节约成本/卢比
1	纤维成本	VC-RC（180-64）	116kg	3132
2	染色成本	无须染色，因为再生纤维是蓝色	50kg	6250
3	废水处理成本 MLR[①] = 1 : 6，如 42L/kg	无须染色，因此可以节省废水处理费用	20p/lt	1050
4	能源成本	无须染色，因此可以节省能源费用	12/kg	1500
5	水费		750 卢比/1000L 水	3937
		1000m 织物共节省		15869

①MLR 为料液比。

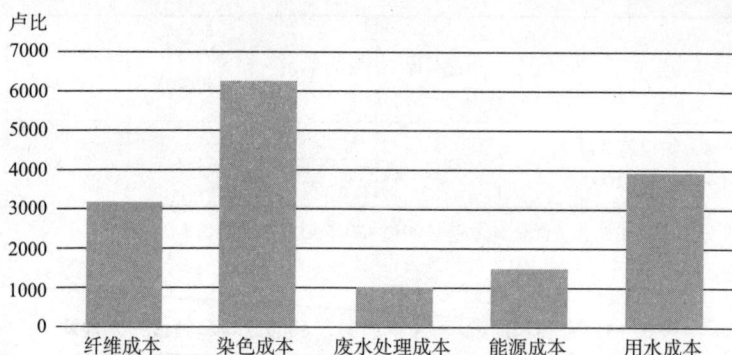

卢比

图 3.13　再生棉织物与原棉织物的成本

　　节能分析是根据纤维成本、染色费用、染色后的废水处理成本以及由于无须染色而节约的能源和水等方面计算而来。本研究中考虑了料液比（MLR）为 1∶6（1kg 物料需要 6L 水）时所产生的废水量。废水在染色过程中的七个阶段产生，即精练、热水洗涤、中和、实际染色、洗涤、中和及热水洗涤。除此之外，其他的可持续性优势还包括减少温室气体的排放和水体污染。

　　从表 3.14 中可以明显看出织物的成本节约，因为原棉价格比再生棉要高。因此使用 100%再生棉可以节省最多的成本。由于再生棉纤维为蓝色，无须染色，因此可以节约水、能源、染料、助剂以及废水处理的成本（Hawley，2017；Harmony，2017；Chavan，2014；LeBlanc，2017）。

3.3　结论

　　本研究结果表明，回收纤维可用于服用面料的开发。由再生纤维开发的纱线和织物比由原棉纤维制成的纱线和织物各方面性能要略低。为了补偿这一性能损失，可以与一小部分原生纤维混合，以使纱线和织物性能几乎等同于原棉纱线和织物。从该研究中可以看出，再生棉/原棉为 80∶20 的再生纱线适用于工业生产，因为它的品质几乎与原棉纱线相同。

　　从原材料到所使用的所有资源方面来看，回收再利用都可进一步节约成本。本研究还通过避免垃圾填埋来改善环境，并对服装生产中的废弃物进行再利用。在产品开发中使用回收材料已成为一种引起消费者关注的方法，旨在实现可持续发展。

每个行业都存在竞争，力争在消费者眼中更好地展示其产品，而他们转向可持续生产将有利于吸引目标市场的注意力并进行购买，以获得更好的推广和商业前景。生产上的变化已经很普遍，从产品的设计、样衣生产、批量生产到产品生命周期管理，都尽最大可能地利用每一盎司的材料和资源。目前发展趋势不是重复利用和再循环，而是在可循环材料在多大程度上进行使用以及这种共生带来的收益。

参考文献

Abou-Nassif AG（2014）A comparative study between physical properties of compact and ring yarn fabrics produced from medium and coarser yarn counts. J Text 2014：1-6.

Ahmad S S，Mulyadi IMM，Ibrahim N，Othman A R（2016）The application of recycled textile and innovative spatial design strategies for a recycling centre exhibition space. Procedia Soc Behav Sci 234：525-535. https://ac. els-cdn. com/S1877042816315257/1-s2. 0-S18770428 16315257-main. pdf？_tid = 8a2517c8-e97a-11e7-ae1e-00000aab0f01&acdnat = 1514210005_34ca328a633e60df835ab7cee91320a4.

Al-Salem S M，Lettieri P，Baeyens J（2009）Recycling and recovery routes of plastic solid waste（PSW）：a review. Waste Manag 29：2625-2643.

Anonymous（2017）Case study of the textile industry in Tirupur. http：//www. roionline. org/ books/Industrial%20ecology_chapter05_Tirupur. pdf. Accessed 28 Dec 2017.

APCO（2017）Australia Post—2016 outstanding achievement in product stewardship. https：// www. packagingcovenant. org. au/documents/item/1086. Accessed 28 Dec 2017.

Bagwan ASA，Patil A（2016）Optimization of opening roller speed on properties of open end yarn. J Textile Sci Eng 6：231-234.

Barclay S，BuckleyC（2000）Waste minimisation guide for the textile industry-a step towards cleaner production. http：//www. tex. tuiasi. ro/biblioteca/carti/Articole/Waste_Minimisation _Guide_for_the_Textile_Industry_A_Step_Towards. pdf. Accessed 28 Dec 2017.

Barella A，Manich A M，Marino P N，Garófalo J（1973）Factorial studies in rotor-spinning part i：cotton yarns. JTI 74：329-339.

Bhalodia N R，Shukla V J（2011）Antibacterial and antifungal activities from leaf extracts of *Cassia fistula* I. ：an ethnomedicinal plant. J Adv Pharm Technol Res 2：104-109.

Bhatia D, Sharma A, Malhotra U (2014) Recycled fibers: an overview. IJFTR 4:77–82.

Blackburn R S (2015) Sustainable apparel production. processing and recycling. Woodhead Publishing Limited, Cambridge, UK.

Brainy Quote (2017) Recycling quotes. https://www. brainyquote. com/topics/recycling. Accessed 31 Dec 2017.

Chavan R B (2014) Environmental sustainability through textile recycling. J Textile Sci Eng S2: 007.

Circle Economy (2017) Closing the loop: 3 case studies highlighting the potential impact of high–value, textile recycling. https://www. circle–economy. com/closing–the–loop–3–case–studieshighlighting–the–potential–impact–of–high–value–textile–recycling/. Accessed 28 Dec 2017.

Claudio L (2007) Waste couture: environmental impact of the clothing industry. Environ Health Perpect 15: A 449–A 454.

Crighton K N (1993) Unbleached denim finds new life in blue jean paper products. Tappi J 76: 41–42.

Crul M, Diehl J C (2006) Design for Sustainability—a practical approach for developing economies. UNEP. http://www. unep. fr/shared/publications/pdf/dtix0826xpa–d4sapproachen. pdf.

EPA (1996) Best management practices for pollution prevention in the textile industry. http://infohouse. p2ric. org/ref/02/01099/0109901. pdf. Accessed 28 Dec 2017.

ETBPP (1999) How to profit from less waste and lower energy use in the textiles industry–textiles workbook–ET184. http://infohouse. p2ric. org/ref/23/22045. pdf. Accessed 28 Dec 2017.

Faud–Lake A (2009) Design activism: beautiful strangeness for a sustainable world. Earthscan, UK. https://designopendata. files. wordpress. com/2014/05/designactivismbeautifulstrangenessforasustainableworld_alastairfuadluke. pdf.

Fiber2fashion (2017) Post–consumer waste recycling in Textiles. http://www. fibre2 fashion. com/industry–article/6901/post–consumer–waste–recycling–in–textiles. Accessed 29 Dec 2017.

Fletcher K (2008) Sustainable fashion and textiles: design journeys. Earthscan, UK.

Frost J (2016) Understanding analysis of variance (Anova) and the F–test (18 May). http://blog. minitab. com/blog/adventures–in–statistics–2/understanding–analysis–of–variance–anova–and–thef–test. Accessed 31 Dec 2017.

Gulich B（2006）Designing textile products that are easy to recycle. Recycling in textiles. Woodhead Publishing,UK.

Harmony（2017）Clothing and textile recycling. https：//harmony1. com/clothing-textile-recycling/. Accessed 31 Dec 2017.

Hawley J M（2006）Digging for diamonds：a conceptual framework for understanding reclaimed textile products. Cloth & Textiles Res J 24：262-275.

Hawley J M,Sullivan P,Kyung-Kim Y（2017）http：//fashion-history. lovetoknow. com/fabrics-fibers/recycled-textiles. Accessed 31 Dec 2017.

Hearle JWS,Lord P R,Senturk N（2008）Fibre migration in open-end-spun yarns. J TEXT I 63：605-607.

Hickman M（2010）Pre-or post-consumer recycled content?（5 May）. http：//edition. cnn. com/2010/LIVING/wayoflife/05/05/pre. post. consumer. recycling/index. html. Accessed 29 Dec 2017.

Ichim M,Sava C（2016）Study on recycling cotton fabric scraps into yarns. Buletinul AGIR nr 3：65-68. http：//www. agir. ro/buletine/2705. pdf. Accessed 30 Dec 2017.

ITJ（2008）Fabric usage and various fabric losses in cutting room. http：//www. indiantextilejournal. com/articles/FAdetails. asp? id=1307. Accessed 30 Dec 2017.

Jankauskaite V,Macijauskas G,Lygaitis R（2008）Polyethylene terephthalate waste recycling and application possibilities：a review. Mat Sci 14：119-128.

Jenkin M（2015）11 things we learned about achieving a zero-waste fashion industry（15 January）. https：//www. theguardian. com/sustainable-business/sustainable-fashion-blog/2015/jan/14/10-things-learned-zero-waste-fashion-industry. Accessed 29 Dec 2017.

Joshi M（2001）Environment management systems for the textile industry：a case study. IJFTR 26：33-39. https：//pdfs. semanticscholar. org/d17f/a01913527acc420590eeebf9f15352c3226d. pdf. Accessed 28 Dec 2017.

Kaur B,Balgir P P,Mittu B,Singh H,Kumar B,Garg N（2012）Comparison of antimicrobial susceptibility of bacteriocins from lactic acid bacteria with various antibiotics against *Gardnerella Vaginalis*. Asian J Pharm Clin Res 5：179-181.

Denim K G（2017）Products. http：//www. kgdenim. com/products/. Accessed 29 Dec 2017.

Lane D M（2017）Analysis of variance—introduction（Chap. 15）. onlinestatbook. com/2/analysis_of_variance/intro. html. Accessed 31 Dec 2017.

Lau Y-I (2015) Reusing pre-consumer textile waste. SpringerPlus (27 Nov). https://www. ncbi. nlm. nih. gov/pmc/articles/PMC4796196/. Accessed 29 Dec 2017.

LeBlanc R (2017) What is textile recycling (1 March). https://www. thebalance. com/the-basics-of-recycling-clothing-and-other-textiles-2877780. Accessed 31 Dec 2017.

Leonas K K (2017) The use of recycled fibers in fashion and home products. In: Muthu S (eds) Textiles and clothing sustainability. Textile science and clothing technology. Springer, Singapore @@@ Lew D (2017) Industrial ecology (April 27). https://www. drdarrinlew. us/industrial-ecology/concrete-examples-three-case-studies. html. Accessed 28 Dec 2017. Manufacturing: an overview. Fash text. 3:1-16.

Moore S B, Ausley L W(2004) Systems thinking and green chemistry in the textile industry: concepts, technologies and benefits. J Clean Prod 12:585-601.

Nayak R, Padhye R (2013) The use of laser in garment.

Necef, Kurtoğlu O, Necdet S, Maşuk P (2013) A study on recycling the fabric scraps in apparel manufacturing industry. J Text Apparel 23:286-289.

NiinimäkiK, Hassi L (2011) Emerging design strategies in sustainable production and consumption of textiles and clothing. J Clean Prod 19:1876-1883.

Niinimäki K (2006) Ecodesign and Textiles. RJTA 10:67-75.

NPTEL (2013) New spinning systems (July). http://nptel. ac. in/courses/116102038/32. Accessed 30 Dec 2017.

Online Textile Academy (2017) Ring spinning vs. open end spinning. https://www. onlinetextileacademy. com/2017/11/ring-vs-open-end-spinning. html. Accessed 31 Dec 2017.

Papanek V (1995) The green imperative: ecology and ethics in design and architecture. Thames and Hudson Ltd. , London, UK.

Parellax Limited (2017) How to stop waste in the garment factory. http://www. fibre2fashion. com/industry-article/2971/how-to-stop-waste-in-a-garment-factory. Accessed 29 Dec 2017.

Reller L B, Weinstein M, Jorgensen J H, Ferraro M J (2009) Antimicrobial susceptibility testing: a review of general principles and contemporary practices. Clin Infect Dis 49:1749-1755.

Rouse M (2017) Statistical analysis. http://whatis. techtarget. com/definition/statistical-analysis. Accessed 31 Dec 2017.

Rowe R G (2000) Textile recycling machine. US Patent No. US6061876 A. https://www.

google. com/patents/US6061876. Accessed 29 Dec 2017.

Roznev A, Puzakova E, Akpedeye F, Sillstén I, Dele O, Ilori O（2017 Recycling in textiles（19 April）. http://www5. hamk. fi/arkisto/portal/page/portal/HAMKJulkisetDokumentit/Tutkimus_ja_kehitys/HAMKin% 20hankkeet/velog/TEXTILE_RECYCLING3. pdf. Accessed 23 Dec 2017.

Schmidt M, Nakajima M（2013）Material flow cost accounting as an approach to improve resource efficiency in manufacturing companies. Resources 2:358-369.

Scraps into yarns. Buletinul AGIR nr 3:65-68. http://www. agir. ro/buletine/2705. pdf. Accessed 30 Dec 2017.

Sharma R, Goel A（2017）Development of nonwoven fabric from recycled fibers. J Textile Sci Eng 7:289-292.

Sultan M A, El-Hawary I A（1974）A comparison of the properties of open-end-spun and ring-spun yarns produced from two egyptian cottons. J TEXT I 65:194-199.

Talyq（2017）Drafting a A-line skirt（dart or no darts?）. http://artisanssquare. com/sg/index. php? topic=588. 0. Accessed 31 Dec 2017.

Tanapongpipat A, Khamman C, Pruksathorm K, Hunsom M（2008）Process modification in the scouring process of textile industry. J Clean Prod 16:152-158.

Taşdemır M, Koçak D, Usta I, Akalin M, Merdan N（2007）Properties of polypropylene composite produced with silk and cotton fiber waste as reinforcement. Int J Polym Mater 56:1155-1165.

Telli A, Babaarslan O（2017）Usage of recycled cotton and polyester fibers for sustainable staple yarn technology. TEKSTİL ve KONFEKSİYON 27:224-233. http://dergipark. gov. tr/download/article-file/345775. Accessed 31 Dec 2017.

Textile School（2017）Open end spinning. http://www. textileschool. com/articles/112/open-end-spinning. Accessed 31 Dec 2017.

Toprak T（2017）Textile industry environmental effects and approaching cleaner production and sustainability:an overview. J Textile Eng Fashion Technol 2:1-16.

UNEP（1996）Cleaner production—a training resource package. http://www. uneptie. org/shared/publications/pdf/WEBx0029xPA-CPtraining. pdf. Accessed 28 Dec 2017.

Vardhman（2012）Vardhman A&E threads installs zero liquid discharge ETP in Perundurai, Tamil Nadu, India（2 November）. http://www. amefird. com/in/vardhman-a-e-threads-installs-zero-liquid-discharge-etp-in-perundurai-tamil-nadu-india. Accessed 23 Dec 2017.

Wanassi B, Azzouz B, Hassen M B (2015) Recycling of post-industrial cotton wastes: quality and rotor spinning of reclaimed fibers. Int J Adv Res (Indore) 3:94-103.

Wang Y (2010) Fiber and textile waste utilization. Waste Biomass Valor 1:135-143.

Well made Clothes (2017) Why pre-consumer recycled cotton is really sustainable. https://wellmadeclothes. com/articles/PreConsumerRecycledCottonIsMoreSustainable/. Accessed 29 Dec 2017.

Wenzel H, Knudsen H H, Sójka-Ledakowicz J, MachnowskiV, Koprowska J, Grzywacz K, Hansen J, Birch H, Pedersen B M, JozwikA(1999) Cleaner technology transfer to the polish textile industry. https://pdfs. semanticscholar. org/ae78/59d44fd74f60681fcb9add1499e790a3eba1. pdf. Accessed 28 Dec 2017.

Yu C (1999) Open-end spinning using air-jet twisting. TRJ 69:535-538.